AI와 트렌드

AI문고

인공지능 시대입니다. 기계가 인간의 인지를 대신하고, 사물이 인간을 통하지 않고 다른 사물과 직접 커뮤니케이션합니다. 이에 따른 인간 삶과 문명 변화를 정확히 이해·예측·대응하는 것은 이 시대 우리 모두의 과제입니다. AI문고는 인공지능 기술과 환경의 여러 주제를 10가지 키워드로 정리합니다. 관련 개념과 이론, 학계와 산업계의 쟁점, 우리 일상의 변화를 다룹니다. 인간과 기술의 현재, 미래를 세심히 분석합니다.

일러두기

- 인명, 작품명, 저서명, 개념어 등은 한글과 함께 괄호 안에 해당 국가의 원어를 병기했습니다.
- 외래어 표기는 현행 어문규정의 외래어표기법을 따랐습니다. 다만 '팔로어', '솔루션' 등은 관행을 따랐습니다.

처음이세요?

전문가세요?

AI와 트렌드

손현주

대한민국, 서울, 커뮤니케이션북스, 2025

AI와 트렌드

지은이 손현주
펴낸이 박영률

초판 1쇄 펴낸날 2025년 7월 2일

커뮤니케이션북스(주)
출판 등록 2007년 8월 17일 제313-2007-000166호
02880 서울시 성북구 성북로 5-11
전화(02) 7474 001, 팩스(02) 736 5047
commbooks@commbooks.com
www.commbooks.com

ISBN 979-11-430-0481-9 03500

책값은 뒤표지에 표시되어 있습니다.

차례

AI가 만드는 새로운 트렌드 생태계

AI와 공진화하는 트렌드

오늘날 우리는 AI 알고리즘과 디지털 플랫폼이 주도하는 새로운 트렌드 생태계의 중심에 살고 있다. 이제 트렌드는 단순한 입소문이나 콘텐츠의 품질만으로 결정되지 않는다. 오히려 눈에 보이지 않는 알고리즘, 거대한 데이터 인프라, 그리고 그 안에서 활동하는 수많은 사용자의 행동과 감정이 복합적으로 작용하며 트렌드를 형성한다. 유튜브(YouTube)나 틱톡(TikTok)에서 갑자기 떠오르는 밈(meme)이나 챌린지는 겉보기에는 우연히 탄생한 유행처럼 보일 수 있지만, 그 이면에는 플랫폼의 추천 시스템, 네트워크 효과, 사용자들의 집단적 참여와 정서적 반응이 결합해 있다. 다시 말해, 현대의 트렌드는 단순히 "무엇이 유행하느냐"를 묻는 것이 아니라 "왜 그리고 어떻게 그러한 유행 구조가 작동하고 설계되었는가"를 분석해야 하는 문제로 전환되었다.

트렌드는 시대의 감정과 욕망이 특정한 형식으로 표현되는 문화 산물이며, 오늘날 이러한 표현은 AI와 인간의 실시간 상호작용 속에서 공동 창조되고 있다. "챗GPT에 물어보는 순간, 트렌드는 만들어진다"라는 말은, 트렌드가 생성되고 확산하는 방식이 AI 시대에 들어서며 근본적으로 달라졌음을 상징적으로 보여 준다. 과거에는 새로운 유행이나 흐름이 사회적 · 문화적 변화 속에서 서서히 형성되었다면, 이제는 AI와 나누는 일상적인 상호작용, 예를 들어 챗GPT에 던진 단 한 번의 질문이 새로운 트렌드의 출발점이 될 수도 있다.

누군가의 호기심이나 관심은 챗GPT와의 대화로 이어지고, 그 대화는 검색, 콘텐츠 제작, 새로운 제품 아이디어로 확장되며 작은 흐름을 만든다. 이 흐름이 다른 사람들의 반응을 끌어내고 빠르게 확산하면, 하나의 트렌드가 되고 더 나아가 거대한 문화적 현상으로 자리 잡을 수 있다. 이처럼 트렌드는 인간과 AI가 실시간으로 협력하는 과정으로 생성되고 진화하며, 하나의 유기적인 생태계를 이룬다.

이러한 변화 양상을 가장 잘 보여주는 사례가 바로 '지브리풍 AI'이다. 이는 생성형 AI 이미지 생성기를 활용해 일본 애니메이션 스튜디오 지브리의 특유 감성과 분위기를 재현하거나 변형하는 트렌드로, 초기에는 단순한 화풍 모방에 그쳤지만, 사용자들의 상상력과 AI의 창작

능력이 결합하면서 독자적인 미적 정체성을 갖춘 새로운 예술 양식으로 발전했다. 이 이미지들은 소셜미디어, 디지털 아트 커뮤니티, 크리에이터 생태계 전반에서 빠르게 공유·응용되며, 사용자 간 재해석과 확장을 통해 지속적으로 진화하고 있다.

이 사례는 AI 시대의 트렌드가 더 이상 인간의 일방적인 창작과 소비에 머물지 않고, 질문이 던져지는 순간부터 인간과 AI가 공동 창작을 시작한다는 사실을 분명히 보여 준다. 인간의 호기심과 AI의 계산 능력이 결합한 결과, 트렌드는 단순한 유행을 넘어서 기술, 개인, 커뮤니티가 상호작용을 하는 생명력 있는 생태계로 성장하고 있다.

트렌드는 콘텐츠가 아니라 시스템이다

과거에는 어떤 노래가 히트했는지, 어떤 패션 아이템이 유행하는지 등 개별 콘텐츠 자체에 주목했다. '얼마나 신선했는가', '누가 먼저 입었는가'에 관심이 집중되었고, 하나하나의 콘텐츠가 유행 그 자체를 설명해 주었다. 트렌드는 특정한 노래, 의상, 광고, TV 프로그램이 대중의 감수성과 맞물릴 때 형성되었으며, 그 형성 과정은 개인 창작자나 유명인의 영향력, 사회 분위기, 문화적 욕망에 크게 좌우되었다.

그러나 AI와 빅데이터 시대에 들어서면서 트렌드는 더 이상 콘텐츠의 우열이나 창의성만으로 결정되지 않는다. 이제 트렌드를 결정짓는 핵심은 콘텐츠를 떠받치는 시스템의 작동 방식이다. 에이미 웹(Amy Webb)은 《신호는 이미 말하고 있다: 오늘의 변방이 내일의 주류가 되는 이유(The signals are talking: Why today's fringe is tomorrow's mainstream)》에서 "신호가 모여 패턴이 되고, 그것이 시스템으로 증폭될 때 비로소 트렌드가 된다"며, 현대의 트렌드는 수많은 약한 신호들이 알고리즘과 플랫폼 구조로 확대·강화되는 구조적 메커니즘의 산물임을 강조한다.

예컨대 유튜브나 인스타그램(Instagram)의 알고리즘은 수많은 콘텐츠 중 어떤 것을 사용자에게 노출할지 결정하는 디지털 문지기 역할을 한다. 플랫폼은 기존의 편집자나 언론의 기능을 알고리즘으로 대체하며, 방대한 정보 속에서 어떤 콘텐츠를 누구에게 보여 줄지 정교하게 선별하고 우선순위를 설정한다. 이러한 알고리즘 기반 추천 시스템은 단순한 정보 접근성의 문제를 넘어, 사용자들의 인식과 행동까지 재구성하는 강력한 영향력을 발휘한다. 결국 무엇이 트렌드가 되는가는 대중의 자발적 선택 결과라기보다는, 플랫폼이 설계한 시스템과 알고리즘이 의도적으로 유도한 결과인 경우가 많다.

AI로 강화된 플랫폼 시스템은 사용자들의 행동 데이터를 수집하고, 이들의 상호작용을 분석해 작동한다. 디지털 플랫폼의 등장은 새로운 소통 생태계를 열며, 정보 유통 구조와 권력 지형 자체를 변화시켰다. 오늘날 플랫폼 기업들은 전 세계적으로 사용자, 데이터, 자본을 집중적으로 축적하며 인터넷 시대의 핵심 인프라로 부상하고 있다. 이처럼 거대화된 플랫폼 환경에서는 '주의(Attention)'가 가장 희소한 자원이 되었고, 사람들의 관심을 끌고 유지하는 능력이 곧 플랫폼 권력의 핵심이 되었다. 옛 트위터(Twitter)의 '트렌딩 토픽(Trending Topic)'이나 포털 사이트의 '실시간 검색어' 기능은 과거 언론사 편집국처럼 사회적 의제를 설정하고, 대중이 무엇에 주목하고 어떤 이슈를 이야기할지 결정한다.

이러한 알고리즘은 집단적 관심을 신속히 포착하고, 사용자 간의 사회적 상호작용을 활성화하는 데 탁월하다. 예를 들어 중국의 소셜 플랫폼 샤오훙수(小紅書, Little Red Book)나 글로벌 플랫폼 인스타그램은 알고리즘으로 사용자들의 반응을 끌어내고, 유행을 증폭한다. 그러나 동시에, 과도한 개인화 추천은 정보의 다양성을 제한하고, 동질적인 정보만을 반복적으로 노출해 '정보 코쿤(Info cocoon)'을 형성할 위험을 내포한다.

더 나아가 현대의 트렌드 시스템에서는 노동과 감정도 핵심 구성 요소로 작용한다. 오늘날 사용자들은 단순 소비자에 머무르지 않고 포스팅, 댓글, 리뷰, '좋아요', 클릭 등 다양한 방식으로 플랫폼을 움직이는 디지털 노동력의 일부가 되고 있다. 예컨대 카카오톡, 밴드(BAND), 위버스(Weverse) 등에서 이루어지는 일상적 활동은 모두 데이터로 수집되며, 플랫폼은 이를 바탕으로 광고 수익을 창출하거나 알고리즘 성능을 개선한다. 동시에 플랫폼은 '감정 자본(Emotional capital)'을 활용해 사용자 반응을 이윤으로 전환하는 구조를 강화하고 있다. 소셜 미디어 알고리즘은 즐거움, 분노, 놀라움 같은 강한 감정을 유발하는 콘텐츠를 우선 노출함으로써, 더 많은 클릭과 공유를 유도한다.

정리하자면, 오늘날의 트렌드는 더 이상 개별 콘텐츠로 형성되는 것이 아니다. 그것은 인프라로서의 플랫폼, 기술로서의 알고리즘, 노동으로서의 참여와 창작, 감정 자본으로서의 사용자 정서가 정교하게 맞물려 작동하는 복합적 시스템의 결과물이다. 이러한 시스템 속에서 개별 콘텐츠는 단지 하나의 부품에 불과하며, 트렌드는 콘텐츠가 아닌 시스템 그 자체에서 비롯되고 있다.

정체성과 피상 연결의 순환 트렌드

트렌드는 단순한 유행을 넘어 사회적이고 심리적인 기능을 수행한다. 사람들은 유행하는 옷을 입거나 인기 있는 밈을 공유함으로써 자신의 정체성을 표현하고, 동일한 관심사를 가진 집단에 속해 있음을 시각적으로 드러낸다. 이는 특정 밴드의 팬클럽에 가입하거나 스포츠팀의 유니폼을 착용하는 행위와 유사하게, 트렌드를 매개로 사회적 유대감을 형성하려는 욕구에서 비롯된다. 특히 개인화와 고립감이 심화한 현대 사회에서, 사람들은 트렌드를 통해 "나도 이 흐름에 참여하고 있다"는 소속감을 얻고 일시적인 심리적 안정을 느낀다.

온라인에서 인기 있는 주제에 댓글을 남기거나 해시태그 챌린지에 참여하는 행위는 젊은 세대의 감정 표현 욕구와 사회적 연결 욕구를 동시에 충족하며, 그들을 빠르게 집단적 대화의 장으로 편입시킨다. 그러나 이러한 연결은 종종 피상적인 관계에 그친다. 누구나 깊이 있는 유대와 친밀함을 원하지만, 현실에서 그러한 관계를 구축하려면 상당한 시간과 노력이 필요하다. 대신 사람들은 소셜미디어가 제공하는 즉각적이고 얕은 연결성에 의존해 외로움을 달래는 경향을 보인다. 예컨대 페이스북(Facebook) 친구나 인스타그램 팔로어 수가 증가하면 '나는 연결되어 있다'는 심리적 만족감을 느끼지만, 정작 속마음을 나눌 상대는 줄어드는 역설이 발생한다.

이처럼 피상적인 연결 욕구는 디지털 피로와도 밀접하게 연결되어 있다. 사람들은 하루에도 수백 건의 포스트, 뉴스, 메시지에 노출되며 정보 과부하를 경험하고, 끊임없이 울리는 알림과 타인과의 비교, 상시 연결 상태는 소셜미디어 피로를 유발한다. 그 결과, 많은 이들이 권태감이나 소진 상태(burnout)를 경험하며 SNS 사용을 일시적으로 중단하기도 한다. 그러나 중요한 소식이나 경험을 놓칠까 봐 불안해하는 심리, 즉 FOMO(fear of missing out) 때문에 다시 플랫폼으로 돌아오는 일이 반복된다.

AI가 재편하는 트렌드 생태계 구조

트렌드 생태계는 사회, 문화, 기술, 경제 등 다양한 영역에서 발생하는 변화의 흐름이 생성, 확산, 소비, 재생산 과정을 거치며 순환하는 복합적인 시스템이다. 이 시스템은 하나의 주체에 의해 통제되지 않고 생성자, 중개자, 소비자, 플랫폼 등 다양한 행위자들이 상호작용을 하는 개방적이고 유동적인 구조를 지닌다. 특히 디지털 기술의 발전은 시공간의 제약을 제거하며 초연결성을 가능하게 했고, 여기에 AI가 개입함으로써 이 순환 고리는 더욱 자동화되고 정교화되었다.

과거에는 패션, 광고, 디자인 분야의 전문가나 유명 브랜드, 방송·잡지 같은 전통 미디어가 트렌드를 주도했고, 소비자는 이를 수동적으로 수용했다. 그러나 AI 시대에는 누구나 챗GPT, 미드저니(Midjourney), 달리(DALL-E) 같은 생성형 AI 도구를 활용해 시각 콘텐츠를 손쉽게 제작하고 실시간으로 공유할 수 있다. 또한 구글 트렌드(Google Trends), 스파크토로(SparkToro) 등 데이터 분석 도구는 검색어와 소셜미디어의 대화를 자동으로 수집·분석해 새로운 '신호(signal)'를 감지하고 이를 '패턴(pattern)', '사회적 확산(movement)' 단계로 해석한다. 이로써 트렌드 예측은 더 이상 전문가의 직관에 의존하지 않고, AI 기반 알고리즘으로 빠르고 정밀하게 수행된다.

하지만 트렌드는 생성만으로 생명력을 갖지 못한다. 다수의 참여자가 반복적으로 소비하고 반응해야 비로소 '유행'으로 기능할 수 있다. 이때 AI 기반 플랫폼의 확산 메커니즘이 핵심 역할을 수행한다. 예를 들어, 틱톡의 '포유 페이지(FYP, For You Page)'는 사용자의 행동 데이터를 실시간으로 분석해 관심 콘텐츠를 추천하고, 유사한 관심사를 지닌 사용자 간의 군집 효과(clustering effect)를 유도함으로써 콘텐츠 확산을 가속한다. 스포티파이(Spotify)의 '디스커버 위클리(Discover Weekly)', 넷플릭스(Netflix)의 추천 알고리즘도 마찬가지로, 개인의 취향에 맞춘 큐레이션으로 새로운 트렌드에 진입할 수 있는 접점을 제공한다. 이처럼 AI 알고리즘은 단순한 중개자가 아니라 확산 가능성, 연결성, 감정 반응 등의 정량·정성 지표를 기반으로 트렌드의 경로와 속도를 조율하는 전략적 조정자 역할을 수행하고 있다.

소비 단계에서도 중요한 변화가 나타나고 있다. 과거 소비자는 일방적 메시지를 수동적으로 받아들이는 존재였으나, 이제는 자신의 취향과 맥락을 반영해 콘텐츠를 능동적으로 선택하고 재구성하는 '콘텐츠 선별자'로 진화했다. 쿠팡과 아마존(Amazon)은 사용자 검색·구매 이력과 클릭 행동을 분석해 계절이나 이슈에 적합한 상품을 추천하며, 유튜브는 시청 시간, 반응, 댓글 등의 데이터를 활용해 개인 맞춤형 노출 경로를 설계한다. 또 스티치픽스(Stitch Fix)나 예스(YES)와 같은 AI 기반 스타일 추천 서비스는 체형, 선호, 최신 유행을 결합해 맞춤형 패션을 제안함으로써 소비자가 트렌드를 자기 방식으로 경험하도록 유도하고 있다.

마지막으로, 트렌드는 이제 단발성 유행을 넘어 재생산과 순환으로 스스로 진화하는 구조로 발전하고 있다. 네이버의 클로바 크리에이티브스튜디오(CLOVA Creative Studio)나 미국의 런웨이ML(RunwayML)처럼 기존의 영상 및 이미지 스타일을 학습해 새로운 콘텐츠로 재구성하는 AI 기술은, 하나의 트렌드를 다양한 하위 트렌드로 분화시키고, 이들 하위 트렌드가 다시 확산-소비-재생산의 루프를 형성하면서 트렌드 생태계를 지속적으로 확장한다.

시대정신을 비추는 트렌드 철학

트렌드는 그 시대 사람들이 무엇을 갈망하고, 무엇을 두려워하며, 어떤 가치를 중요하게 여기는지를 집약적으로 드러내는 철학적 지표다. 철학이 인간 존재의 본질과 정체성 형성을 탐구하듯, 트렌드는 집단의 무의식과 욕망을 가시화하며 시대정신을 반영한다.

트렌드는 마치 날씨 앱과 같다. 사람들이 날씨를 확인하고 우산을 챙기듯, 트렌드를 통해 사회적 감정의 흐름을 감지하고 자신의 행동을 조율한다. 예를 들어 '힐링 콘텐츠'가 주목받는다는 것은, 사람들에게 위로가 필요해지고 있음을 보여 주는 집단 감정의 반영이며, 이는 단순한 콘텐츠 소비를 넘어 시대의 감정적 맥락을 이해할 수 있는 철학적 단서가 된다.

트렌드는 또한 삶 속에서 반복적으로 마주하게 되는 철학적 질문들과도 연결되어 있다. "지금 여기서 우리는 무엇을 원하고, 무엇을 잃고 있는가"라는 물음은, 트렌드를 통해 구체적인 형태로 드러난다. 예를 들어, 과도한 정보와 상시 연결 상태에서 벗어나 명료한 사고와 대면 교류를 회복하려는 디지털 디톡스 트렌드는 개인이 '고요함'을 갈망한다는 사실을 보여 주지만, 동시에 실시간 소통과 즉각적 정보 접근성을 희생하게 만든다. 또 불필요한 소유를 줄이고 본질에 집중하려는 미니멀리즘 트렌드는 내면의 여유와 단순함을 추구하지만, 다채로운 소비 경험과 즉각적 만족의 즐거움을 포기하게 한다. 이처럼 트렌드는 우리가 무엇을 욕망하며, 동시에 무엇을 포기하고 있는지를 드러내는 거울과도 같다.

트렌드는 '나는 누구인가'라는 정체성의 물음과도 밀접하게 연결된다. 사람들이 어떤 트렌드를 따르는지는 곧 자신을 어떤 사람으로 정의하고 싶은가의 문화적 표현이 된다. SNS 프로필을 꾸미듯, 사람들은 자신이 선호하는 트렌드로 사회 속에서의 위치를 설정하고, 특정한 정체성과 가치를 내면화한다. 예컨대 '제로 웨이스트(Zero waste)' 트렌드는 일상에서 발생하는 쓰레기를 최소화하려는 소비 방식으로, 단순한 실천을 넘어 환경을 고려하는 윤리적 존재로서의 자아를 표현하는 철학적 행위가 된다.

AI는 우리의 감각과 취향마저 수치화한다. 트렌드는 점점 더 '데이터 기반 취향'으로 구성되고 있으며, 이는 질 들뢰즈(Gilles Deleuze)가 말한 '통제 사회' 개념과도 맞닿아 있다. 통제 사회에서는 규칙이나 억압이 아니라, 유연하고 연속적인 데이터 통제로 인간을 조율하고 관리한다. 오늘날 AI가 이 역할을 수행하고 있으며, 알고리즘은 인간의 감성과 신체성을 디지털 흐름 속에서 포착해 코드로 환원한다. 틱톡의 댄스 챌린지는 반복률, 시청 시간, 에너지 점수와 같은 정량적 지표로 트렌드의 가능성을 판단하고 확산한다. 이 결과 트렌드는 '느껴지는 것'이 아니라 '계산되는 것'이 되고, 그 과정에서 비주류 감각이나 미세한 정서는 쉽게 배제된다.

AI 시대에 접어들면서 트렌드의 성격과 해석 방식은 점점 더 철학적 차원으로 확장되고 있다. AI의 확산 속에서 트렌드는 존재론, 인식론, 윤리학, 미학 등 다양한 철학적 관점에서 새롭게 해석될 수 있다. 존재론적 관점에서는 트렌드의 생성 주체에 대한 근본적인 질문이 제기된다. 우리는 이제 "이 트렌드는 인간이 만든 것인가, 아니면 AI가 만들어 낸 것인가"라는 질문을 마주하고 있다. AI가 콘텐츠를 생성하고 알고리즘이 이를 확산시키는 시대에 트렌드는 더 이상 전적으로 인간의 의도에서 비롯된 결과물이 아니다. 오히려 인간과 기계의 협업 속에서 형성되는 새로운 존재론적 실체로 이해될 수 있다.

인식론적 관점에서는 "우리는 어떻게 트렌드를 알게 되는가"라는 물음이 중심이다. 전통적으로 트렌드는 전문가나 대중의 집단적 반응으로 정의되었지만, 오늘날에는 데이터와 알고리즘이 트렌드를 탐지하고 유행을 설계한다. 틱톡이나 유튜브의 추천 알고리즘은 단지 인기 있는 콘텐츠를 보여 주는 데 그치지 않고, 그것이 유행되도록 적극적으로 유도한다. 이에 따라 우리는 "트렌드는 자연스럽게 발생하는 것인가, 아니면 기술적으로 만들어지는 것인가"라는 본질적인 질문을 던지게 된다.

윤리학적 관점에서는 트렌드가 사회에 미치는 영향과 그 수용 방식의 도덕적 책임이 논의된다. 일부 트렌드는 소비 중독, 외모 지상주의, 차별적 기준 등을 강화함으로써 사회적 약자를 배제하거나 사회적 불균형을 심화할 수 있다. 특히 AI가 제안한 트렌드를 비판 없이 수용한다면 우리는 "이 트렌드는 누구에게 이익을 주고, 누구를 배제하는가"라는 비판적 물음을 피할 수 없게 된다.

미학적 관점에서는 트렌드의 창의성과 아름다움의 기준에 대한 질문이 제기된다. AI는 무한한 스타일과 미적 조합을 생성할 수 있지만, 그러한 결과물이 과연 '진정한 아름다움'이라 할 수 있을까? 알고리즘이 제공하는 취향은 종종 개성을 말소하고 획일적인 미학을 조장하는 경향이 있다. 따라서 우리는 "이 트렌드는 정말 아름다운가, 아니면 단지 인기 있는가"라는 질문으로 미적 기준의 자율성과 주체성을 성찰할 필요가 있다.

이처럼 트렌드를 존재론, 인식론, 윤리학, 미학의 렌즈로 바라보면, 그것은 단순한 변화의 표면이 아니라 기술, 인간, 감각, 윤리, 권력, 정체성이 복합적으로 얽힌 시대 철학의 장으로 드러난다. 트렌드는 우리 삶의 문화적 문장이자 정체성의 신호이며, 시대정신을 담은 풍경이다. 트렌드를 철학적으로 해석한다는 것은 단순히 흐름을 따르는 데 그치지 않고, 그 흐름의 의미를 통찰하며 나아가 새로운 흐름을 스스로 만들어 내는 존재로 살아가겠다는 선언이다. 우리는 트렌드를 통해 시대를 묻고 자신을 해석하며, 새로운 문화를 설계할 수 있다. 트렌드는 살아 있는 철학이며, 시대정신을 비추는 거울이다.

AI 시대의 트렌드 이해

트렌드를 바라보는 시각은 크게 두 가지 흐름으로 나뉜다. 하나는 트렌드 사회학적 관점이고, 다른 하나는 시장 트렌드, 즉 경영·마케팅 중심의 관점이다. 먼저 트렌드 사회학은 트렌드를 개별 콘텐츠나 제품의 속성이 아닌, 사회 전체의 변화 양상과 집단적 행동에 주목하는 구조적 현상으로 이해한다. 사회학자들은 오래전부터 유행의 메커니즘과 모방 현상에 주목해 왔다. 19세기 말 소스타인 베블런(Thorstein Veblen)은 부유층의 과시적 소비가 유행을 주도하며, 다른 계층의 소비 행태에 영향을 미친다는 통찰을 제시했다. 이어 경제학자 하비 라이벤스타인(Harvey Leibenstein)은 편승 효과(Bandwagon effect)와 속물 효과(Snob effect)라는 개념으로, 사람들이 유행을 따르기도 하고 반대로 대중화한 제품을 회피하는 경향도 나타낸다고 설명했다. 이러한 이론은 유행이 단순한 합리적 선택의 결과가 아니라, 사회적 모방과 차별화 욕망의 역학 속에서 발생한다는 점을 보여 준다.

반면 시장 트렌드 관점은 더 실용적이고 미시적인 차원에 초점을 맞춘다. 주로 기업과 판매 담당자들이 특정 제품이나 서비스가 얼마나 인기 있는지, 소비자의 취향이 어떻게 변화하고 있는지를 분석하고 실행할 전략을 수립하는 데 활용된다. 매년 말 발표되는 다양한 트렌드 리포트가 대표적 사례다. "올해의 컬러는 ○○다", "○○풍 디자인이 유행이다", "MZ세대는 ○○에 열광한다"는 식의 분석들은 모두 시장 중심의 시각에 기반을 두고 있다. 이러한 접근은 유행의 요소를 빠르게 포착해 비즈니스에 적용하기에 유용하다. 기업들은 초기 유행을 민감하게 감지하기 위해 쿨헌팅(Coolhunting) 기법을 활용하고, 거리의 분위기나 소셜 빅데이터에서 감정 흐름과 소비 패턴을 분석해 유망 트렌드의 확산 가능성을 선제적으로 판단하려 한다.

그러나 시장 트렌드 관점은 종종 개별 제품이나 콘텐츠의 특성에만 집중한 나머지, 해당 유행이 등장한 사회적 맥락이나 구조적 원인을 간과하는 한계를 가진다. 예를 들어, 특정 음식이나 패션이 유행한다고 해서 단지 "제품이 혁신적이기 때문"이라고 설명한다면, 이는 표면적 분석에 머물 수 있다. 왜 바로 그 시점에 그 스타일이 대중의 감수성을 자극했는지, 세대 정서와 가치관의 변화, 기술 및 미디어 환경의 진화, 사회적 불안과 욕망 같은 거시적 요인을 함께 고려해야 비로소 트렌드의 깊이 있는 이해가 가능하다. 이 점에서 트렌드 사회학의 시각은 필수다.

이러한 문제의식을 바탕으로, 이 책은 트렌드 사회학과 시장 트렌드라는 두 축을 균형 있게 통합하고자 한다. 총 10개의 장으로 구성된 이 책은, AI 기반 약한 신호 포착부터 알고리즘을 통한 증폭, 시스템 기반 트렌드 생성 메커니즘, 그리고 메가트렌드 예측에 이르기까지, AI 시대의 트렌드 구조와 흐름을 체계적으로 안내한다.

1장에서는 '신호'가 '확산'으로 이어지는 트렌드의 기본 메커니즘을 다양한 사례와 함께 설명한다. 2장과 3장에서는 플랫폼 권력, 개인의 정체성, 해시태그 운동과 밈 문화가 트렌드 형성에 어떻게 개입하는지 살펴보고, AI가 실시간으로 신호를 포착하고 감정을 분석하며 시나리오를 설계하는 과정을 다룬다. 4장에서는 인간, 팬덤, 가상 존재가 함께 트렌드를 공동 생성하는 복합 주체의 역할을 조명한다.

5~8장에서는 분야별 트렌드의 동향과 그 변화 메커니즘을 다룬다. 6장에서는 초개인화 추천 시스템이 만들어내는 '나만의 경험'이 산업 전반을 어떻게 재편하는지 살피고, 그로 인해 발생하는 사회적 파장도 함께 분석한다. 7장에서는 AI가 문화 콘텐츠의 생산 · 유통 · 소비 전

과정을 어떻게 재구성하고 있는지 살펴보며, 디지털 굿즈와 가상 아이돌 등 새로운 비즈니스 모델을 중심으로 트렌드의 진화 양상을 설명한다. 8장에서는 AI와 메가트렌드 간의 순환적 피드백 구조를 바탕으로, AI가 기존의 장기 흐름을 어떻게 증폭·가속하며, 새로운 순환 구조를 창출하는지 이론과 사례로 풀어낸다.

마지막 9장과 10장에서는 트렌드를 전략적으로 전환하고 실천적으로 활용하는 방법에 초점을 맞춘다. 자동화된 분석 도구와 데이터 시각화 기법, 반(反) 트렌드 전략, 창의적 파괴 전략 등을 소개하며, 독자가 단순한 유행 관찰자를 넘어 '트렌드 크리에이터'로 성장할 수 있도록 통찰을 제공한다.

참고문헌

윤지원(2025.4.13). "너도나도 '지브리'...그 열풍에 빠진 당신에게". ≪경향신문≫, https://www.khan.co.kr/article/202504130900031

Artushin, H. R.(2024.8.18). Is social media making us lonely?. *Psychology Today*, https://www.psychologytoday.com/us/blog/well-read/202408/is-social-media-making-us-lonely

Benvenuto, S.(2000). Fashion: Georg Simmel. *The Journal of Artificial Societies and Social Simulation*, *3*(2).

Crawford, K.(2021). *Atlas of AI: Power, politics, and the planetary costs of artificial intelligence.* Yale University Press.

Lindstrom, M.(2011). *Brandwashed.* Crown Business.

Liu, J.(2024). Research on trending algorithms of digital platforms: A case study of Little Red Book and Instagram. *Media and Communication Research, 5*(4), pp.58~68.

McMahon, L. & Rahman-Jones, I.(2025.4.12). Everyone's jumping on the AI doll trend - but what are the concerns?, BBC, https://www.bbc.com/news/articles/c5yg690e9eno

Raymond, M.(2010). The trend forecaster's handbook. Laurence King Publishing.

Qin, C.(2024). Too much social media? Unveiling the effects of determinants in social media fatigue. *Frontiers in Psychology,* 15.

Webb, A.(2016). *The signals are talking: Why today's fringe is tomorrow's mainstream.* PublicAffairs.

01
트렌드 메커니즘

유행은 순간의 열광이며, 트렌드는 중기적인 문화 변화를, 메가트렌드는 문명적 전환을 이끄는 장기적 구조를 의미한다.
트렌드는 초기 단계인 '신호'에서 감지되어 점차 '패턴'을 형성하고, 이후 '사회적 확산'으로 대중에게 퍼진다. 이렇게 형성된 트렌드는 등장, 확산, 성숙, 쇠퇴, 소멸 또는 재등장의 생애주기를 거치며 전개된다.

AI와 1인 창업?

유행, 트렌드, 메가트렌드

'트렌드(trend)'라는 단어는 본래 고대 영어의 '돈다(to turn)'라는 뜻의 동사에서 유래했으며, 초기에는 통계학과 경제학에서 곡선의 방향성을 설명하는 용어로 사용되었다. 당시 트렌드는 객관적 데이터에 기반을 두고 미세한 변화를 신중하게 해석하는 개념이었다. 이후 20세기 후반, 트렌드는 패션 산업을 중심으로 대중문화 전반에 확산했고, 점차 미래의 변화를 예측하는 개념으로 확장되었다.

오늘날 트렌드는 주로 세 가지 방식으로 사용된다. 첫째는 신제품 출시나 예정 소식을 다루는 '제품 소식'으로, 언론은 패션 · 기술 · 여행 등 최신 정보를 중심으로 이를 보도하며, 일반 소비자도 이러한 방식으로 트렌드를 인식한다. 둘째는 기업의 제품 개발 방향을 반영하는 '제품 개발'이다. 이는 패션과 출판은 물론 제조업 · 전자 · 철강 산업 등 다양한 분야에 적용되며, 선도 기업이 새로운 제품을 출시하면 다른 기업들이 이를 모방하거나 참고해 기술과 제품을 발전시키는 구조다. 셋째는 트렌드세터(trendsetter)에서 시작되어 사회 전반으로 확산하는 '변화의 과정'이다. 트렌드세터는 새로운 유행이나 흐름을 먼저 받아들이고, 이를 사회에 퍼뜨리는 영향력 있는 개인이나 집단을 의미한다. 이러한 변화 과정은 초기 신호의 포착과 그 사회적 확산 과정을 탐구하는 데 중점을 둔다.

유행, 트렌드, 메가트렌드(Megatrend) 등 변화 유형은 지속 기간 · 영향력 · 확산 범위 · 발생 요인에서 차이를 보이므로, 이러한 개념을 명확히 정의하는 것이 매우 중요하다. 유행은 단기적으로 사람들의 관심과 소비 경향을 빠르게 반영하는 신호로, 트렌드는 중기적으로 일상생활과 문화 양식을 바꾸는 흐름으로, 메가트렌드는 장기적으로 사회 구조와 가치관의 전환을 이끄는 지표로 이해할 수 있다.

우선 유행(FAD, For A Day)은 짧은 시간 동안 급속히 확산했다가 빠르게 사라지는 일시적 현상이다. 흔히 '하루짜리 유행'이라 불릴 만큼 생명 주기가 매우 짧으며, 주로 미디어 노출, 사회적 영향, 참신성으로 촉발된다. 이러한 유행은 대개 소수 집단 내에서 급격히 퍼지지만, 영향력은 제한적이고 확산의 깊이도 얕다. 한두 시즌이 지나면 대부분 자연스럽게 사라지며, 구조적 변화나 지속 가능성을 동반하지 않는다. 예를 들어, 아이스버킷 챌린지, 달고나 유행, 네 컷 사진(포토 부스) 열풍, 마라탕 붐 등이 대표적 사례다. 이들 유행은 특정 시점에 갑

작스럽게 관심을 집중시키고, 짧은 기간 동안 폭발적인 소비와 참여를 끌어냈지만, 대체로 문화적 구조나 시스템적 변화를 만들어 내지는 못했다.

반면 트렌드는 유행보다 장기적이며 구조적 변화를 동반한다. 초기에는 미약한 신호로 시작되지만, 시간이 지나며 일정한 패턴을 형성하고 사회적 확산으로 이어진다. 트렌드는 소비자 행동, 문화, 사회적 가치 등에 영향을 미치며 수년간 지속될 수 있다. 예를 들어, 캠핑·차박 라이프스타일의 확산, 가정간편식 시장 성장, ESG(환경·사회·지배구조) 중심의 소비 확대 등은 단순한 유행을 넘어선 생활 방식과 문화의 전환으로 평가된다. 이러한 트렌드는 일상과 산업, 사회적 태도에 변화를 일으키며 중장기적 영향력을 가진다.

마지막으로 메가트렌드는 수십 년에 걸쳐 심층적이고 구조적인 변화를 유도하는 장기적 흐름이다. 이는 단일 분야에 국한되지 않고 사회·경제·정치·문화 전반에 영향을 미치며, 인구 변화, 기술 혁신, 기후 위기, 가치관 전환 등 근본적이고 복합적인 요인으로 형성된다. 예를 들어, 고령화 사회, 디지털 혁명, 지속 가능성에 대한 사회적 요구 등은 특정 산업이나 국가를 넘어 인류 전체의 삶의 방식과 미래의 방향을 재구성하는 메가트렌드에 해당한다.

트렌드 형성의 3단계 메커니즘

트렌드는 한순간에 형성되는 것이 아니라, 일정한 성장 과정을 거쳐 확산한다. 이 과정을 설명하는 기본 구조가 신호, 패턴, 사회적 확산의 3단계 메커니즘이다. 이 메커니즘은 사람들의 행동과 사회적 관찰로 구체화한다.

첫 번째 단계인 '신호'는 가장 초기의 변화 징후를 의미한다. 모든 트렌드는 인간에 의해 만들어지므로, 신호를 포착하려면 새로운 스타일이나 혁신을 시도하는 사람들을 주의 깊게 관찰해야 한다. 신호는 일상생활이나 미디어 속에서 포착되며, 초기에는 소수만 인식하는 미약한 형태로 존재한다. 겉으로 드러나기 전에 조용히 진행되기에, 신호를 읽는 것은 아직 대중화하지 않은 변화를 민감하게 감지하는 일이다. 예를 들어, 1980년대 후반 미국에서 보스턴비어컴퍼니(Boston Beer Company)가 '새뮤얼 애덤스 보스턴 라거(Samuel Adams Boston Lager)'를 출시하며 대형 양조장 중심이던 맥주 시장에 도전장을 내밀었을 때, 이는 훗날 마이크로브루어리 붐(microbrewery boom)의 초기 신호였다. 당시 수제 맥주에 대한 관심은 미미했지만, 대량생산 맥주의 피로와 차별화된 맛의 수요가 서서히 나타나고 있었다.

두 번째 단계인 '패턴'은 다양한 신호들이 반복되며 일관된 방향성을 갖기 시작하는 시점이다. 새로운 현상이 여러 산업에서 동시에 나타난다면, 이는 단순한 신호를 넘어선 패턴으로 발전할 가능성이 크다. 이 단계의 변화는 종종 기존 주류 경향의 반작용으로 나타나며, 점차 많은 이들이 이를 인식하게 된다. 1990년대 들어 미국 전역에 소규모 양조장이 잇따라 등장하고, 지역 맥주 축제와 수제 맥주 커뮤니티가 활발해졌다. 소비자들은 대형 브랜드보다 독창성과 품질을 중시하는 수제 맥주를 선호하기 시작했고, 다양한 맛과 지역 특색을 강조하는 마이크로브루어리가 증가했다. 특히 대형 유통업체들이 이들 제품을 취급하면서 단순한 신호에서 뚜렷한 패턴으로의 전환이 분명해졌다.

세 번째 단계인 '사회적 확산'은 형성된 패턴이 대중화되어 사회 전반으로 퍼지는 시점이다. 스타일의 변화는 종종 극단 간 이동처럼 나타나며, 이는 사람들의 심리적 반동을 반영한다. 이 단계에서는 초기 신호가 하나의 흐름으로 자리 잡아 새로운 주류 문화를 형성하고, 대중의 수용, 시장 반응, 산업 전략의 변화로 구체화한다. 2000년대 이후 미국과 유럽에서는 수제 맥주 시장이 급속히 성장했고, '수제 맥주(Craft beer)' 문화가 확산했다. 대형 양조장들도 이에 대응해 수제 맥주 브랜드를 인수하거나 자체 라인을 출시했으며, 마이크로브루어리는 도시 재생과 지역 경제 활성화에도 중요한 역할을 하게 되었다. 수제 맥주는 이제 단순한 틈새시장을 넘어, 전체 맥주 산업의 구조를 바꾸는 강력한 사회적 흐름으로 자리 잡았다.

트렌드의 생애주기

트렌드의 생애주기란 새로운 흐름이 사회에 등장하고 확산하며, 주류로 자리 잡았다가 쇠퇴하거나 다시 재해석되어 돌아오는 과정을 설명하는 개념이다. 이는 단순한 시간의 흐름이 아니라 혁신자의 실험, 조기 수용자의 반응, 대중의 수용, 시장 포화, 문화적 피로, 그리고 시대적 재해석 등 다양한 요인에 따라 단계적으로 전개된다.

첫 번째 단계인 '등장(emergence)'은 새로운 아이디어나 제품이 혁신자나 트렌드세터와 같은 소수 집단에 의해 실험되는 시기다. 이때 트렌드는 아직 대중에게 널리 알려지지 않으며, 주로 미약한 신호로 나타난다. 혁신자들은 반복적인 실험으로 그 가능성을 검증하며, 이러한 실험은 이후 확산을 위한 기반이 된다. 2015년 출시된 '당근(마켓)'은 초기에는 분당 · 판교 지역의 일부 이용자들만 사용하던 서비스였지만, 이웃 간 간편 중고 거래라는 가치를 인정받아 곧 전국적 확산의 출발점이 되었다.

두 번째 단계인 '확산(diffusion)'은 트렌드가 조기 수용자에 의해 사회로 퍼지기 시작하는 시기다. 이들은 트렌드의 가치를 인식하고 적극 수용함으로써 트렌드의 가시성과 영향력을 빠르게 높인다. 소셜미디어, 매스미디어, 입소문 등이 확산의 주요 촉매로 작용하며, 트렌드는 초기 다수 층(early majority)으로 확장된다. 2013년경 아프리카TV BJ들이 시작한 '먹방'은 조리 과정을 생생하게 보여 주고 식사하는 모습을 실시간으로 공유하며 소수의 열성팬을 형성했다가, 이후 유튜브, 인스타그램, 틱톡 등으로 빠르게 퍼져 나가 수많은 크리에이터와 시청자를 확보하며 초기 다수 층으로 진입했다.

세 번째 단계인 '성숙(maturity)'은 트렌드가 주류 사회에 완전히 정착하는 시기다. 이 시점에서 트렌드는 더 이상 새롭지 않으며, 사회적 표준으로 자리 잡는다. 대다수의 소비자가 해당 트렌드를 수용하고, 다양한 산업과 제도도 이를 지원한다. 그러나 동시에 과잉 공급, 차별화 부족, 소비자 피로감 등의 문제가 누적되기 시작한다. 2015년 이후 배달의민족, 우버이츠(Uber Eats), 도어대시(DoorDash) 등 배달 음식 플랫폼의 확산은 해당 트렌드가 일상화되며 성숙기에 진입했음을 보여 준다.

네 번째 단계인 '쇠퇴(decline)'는 트렌드가 포화 상태에 이르고, 소비자의 관심이 점차 줄어드는 시기다. 대체 트렌드의 등장이나 기존 트렌드의 피로감으로 이탈 현상이 나타나고, 시장은 새로운 대안을 모색하게 된다. 이에 따라 트렌드는 점진적 혹은 급격한 쇠락의 과정을 겪는다. 한때 학생층과 음악 애호가 사이에서 필수 아이템이었던 휴대용 MP3 플레이어는 스마트폰의 멀티미디어 기능 향상과 멜론 같은 음악 스트리밍 서비스의 보급으로 빠르게 쇠퇴했다.

마지막 단계인 '소멸 또는 재등장(obsolescence or re-emergence)'은 트렌드가 완전히 사라지거나, 시간이 지난 후 새로운 형태로 다시 등장하는 시기다. 과거의 트렌드는 향수나 시대적 재해석으로 재소비되기도 한다. 예로 2010년대 중반, 아날로그 감성을 추구하는 젊은 세대 사이에서 폴라로이드 카메라와 LP 레코드가 다시 주목받기 시작했다. 이들은 한때 소멸 위기에 처했다가 복고 열풍 속에 부활했다.

참고문헌

Vejlgaard, H.(2008). *Anatomy of a trend.* McGraw-Hill. 이진원 옮김(2008). 《트렌드를 읽는 기술》. 비즈니스북스.

02
트렌드 사회학

트렌드 사회학은 사회에서 특정 행동 양식이 어떻게 생성되고 확산하며 소멸하는지 분석하는 학문이다. 현대의 트렌드는 더 이상 개인의 자발적 선택만으로 형성되지 않고, 사회 구조와 알고리즘 권력이 교차하는 지점에서 만들어진다. 모방, 문화자본, 플랫폼 알고리즘이 상호작용을 하며 트렌드를 생성하는 과정을 중심으로, 해시태그 운동, 밈 문화, NFT 사례로 트렌드가 디지털 정체성과 경제적 자산으로 전환되는 양상을 살펴본다.

AI와 MBTI?

트렌드와 사회 구조

트렌드 사회학은 특정 행동, 태도, 소비 패턴이 사회 집단 내에서 어떻게 발생하고, 확산하며, 소멸하는지를 체계적으로 연구하는 학문이다. 헨리크 바일고르(Henrik Vejlgaard)는 《트렌드를 읽는 기술》(2007/2008)에서 트렌드가 결정자, 추종자, 초기 · 주류 · 후기 소비자, 보수적 소비자 등으로 구성된 구별 가능한 집단으로 순차적으로 확산한다고 설명한다. 트렌드 사회학은 이러한 확산이 단순히 개인의 선택이 아니라 집단적 운동으로 사회 구조와 문화 규범을 재구성하는 방식에 주목한다.

AI가 정보, 커뮤니케이션, 문화의 흐름을 재편하는 시대에 트렌드는 단순한 개인 취향의 표현을 넘어, 권력 네트워크와 데이터 인프라, 알고리즘 거버넌스에 의해 매개되는 전략적 사회 행동으로 진화하고 있다. 겉보기에 자율적인 선택처럼 보이는 트렌드는 실제로 사회 구조와 권력관계 속에서 형성되며, 이를 이해하기 위해 가브리엘 타르드(Gabriel Tarde), 피에르 부르디외(Pierre Bourdieu), 케이트 크로퍼드(Kate Crawford)의 이론을 통합적으로 살펴볼 필요가 있다.

타르드는 사회의 핵심 메커니즘을 창조보다 모방에서 찾았다. 그는 저서 《모방의 법칙(The laws of imitation)》

(1903)에서, 트렌드가 상류층에서 하층으로, 중심에서 주변으로 확산하며 사회적 위계와 권력 구조를 반영한다고 주장했다. 이는 트렌드가 자율적 선택이 아닌, 권위와 영향력에 따라 작동하는 계층적 확산 구조임을 보여 준다.

부르디외는 이 관점을 구조적으로 확장한다. 그는 《구별짓기: 문화와 취향의 사회학(Distinction: A social critique of the judgement of Taste)》(1979/2005)에서 트렌드를 개인의 선호가 아니라 사회적 계층을 재생산하는 문화 자본의 표현으로 보았다. 고급 예술, 언어, 패션 등은 특정 사회 집단이 보유한 상징 자산이며, 트렌드는 이를 드러내는 수단이다. 어떤 트렌드를 선택하고 소비하는가는 개인의 사회적 지위와 배경을 암묵적으로 표현하는 행위로 작동한다.

크로퍼드는 《AI의 아틀라스(Atlas of AI)》(2021)에서 인공지능을 단순한 기술이 아닌, 데이터 추출과 권력 집중, 문화 통제의 메커니즘으로 분석한다. 그녀는 소수의 빅테크 기업이 데이터 권력을 독점하고 있으며, 이들이 설계한 알고리즘이 우리의 행동, 취향, 트렌드를 형성한다고 지적한다. 플랫폼은 문화를 단순히 수용하는 공간이 아니라, 알고리즘으로 문화를 설계하고 조율하는 권력 구조라는 것이 크로퍼드의 핵심 비판이다.

타르드, 부르디외, 크로퍼드의 이론을 종합하면, 트렌드는 더 이상 개인의 순수한 창의성이나 자율성의 산물이 아니다. 그것은 모방, 계층화, 알고리즘 권력이 결합한 사회 구조적 산물이다. 특히 AI 시대에는 이 모든 과정이 자동화되고 비가시적으로 작동한다.

트렌드로 구축되는 디지털 정체성

디지털 미디어는 개인과 사회가 트렌드를 수용하고 정체성을 형성하는 방식을 근본적으로 변화시켰다. 전통적인 공동체가 지리적 근접성을 기반으로 형성되었다면, 디지털 시대의 공동체는 공동의 관심사와 트렌드 참여를 중심으로 구성된다. 해시태그 운동, 밈 문화, 바이럴 챌린지(viral challenge) 등은 느슨하지만 강력한 소속감을 형성하며, 이를 기반으로 집단적 정체성이 구축된다.

해시태그 운동은 사회적 이슈의 온라인상의 연대를 나타내는 활동이다. 밈 문화는 짧은 이미지나 영상으로 유머와 메시지를 빠르게 확산시키는 방식이며, 바이럴 챌린지는 특정 행동을 수행하고 이를 공유하면서 참여를 유도하는 디지털 캠페인이다. 이러한 활동들은 단순한 표현이 아니라, 새로운 공동체 정체성을 형성하고 유지하는 중요한 수단으로 기능한다.

그러나 이러한 과정은 단순히 자발적이고 자연스러운 결과가 아니다. 크로퍼드에 따르면, 디지털 플랫폼은 알고리즘으로 어떤 트렌드가 확산할지, 어떤 정체성이 부각될지를 조정함으로써 문화의 흐름 자체를 재구성한다. 디지털 공동체에서 트렌드 기반 정체성은 겉으로는 개인의 자율적 선택처럼 보이지만, 실제로는 알고리즘이 제공한 제한된 선택지 내에서 형성된다.

인스타그램의 패션 커뮤니티 사례는 이를 단적으로 보여 준다. 플랫폼 알고리즘은 미니멀리즘이나 길거리 패션처럼 특정 스타일의 콘텐츠를 선호하는 사용자에게 집중적으로 추천하며, 특정 트렌드를 빠르게 확산시키고, 사용자들의 패션 정체성과 소속감을 조율한다. 이처럼 디지털 공동체의 트렌드 기반 정체성은 자유로운 선택의 결과가 아니라, 플랫폼이 설계한 알고리즘 환경 속에서 구성되는 사회적 · 문화적 기획의 산물이다.

해시태그 운동은 트렌드를 통한 집단 정체성 형성의 대표적 사례다. 예컨대 #탈코르셋 운동은 외모 중심 문화에 저항하는 여성들이 화장, 긴 머리, 여성성을 강조하는 옷차림을 거부하며 자신의 변화를 기록한 움직임이다. 참여자들은 이 해시태그로 같은 문제의식을 느낀 이들과 느슨한 네트워크를 형성했고, 이는 단순한 외적 변화에 그치지 않고 성 역할 고정관념에 맞서는 집단 정체성을 형성하는 데 기여했다.

밈 문화 또한 디지털 공동체 내에서 소속감을 형성하고 집단 경계를 강화하는 데 중요한 역할을 한다. 한국에서는 '복세편살'과 '광기짤'과 같은 밈이 대표적인 사례다. '복세편살(복잡한 세상, 편하게 살자)'은 고단한 현실을 유머로 해석하고 가볍게 살아가자는 태도를 담고 있다. '광기짤'은 과장된 감정 표현을 담은 이미지나 영상으로, 디지털 공간에서 유머와 감정을 공유하는 방식으로 활용된다. 이러한 밈을 소비하거나 변형해 재생산하는 행위는 단순한 재미를 넘어, 커뮤니티 구성원으로서 정체성을 확인하고 인정받는 사회적 행위로 작동한다.

관심 경제와 트렌드 자본

AI가 매개하는 관심 경제(Attention economy) 속에서 트렌드 자본(Trend capital)은 현대 사회의 핵심 메커니즘 중 하나로 작동하고 있다. 관심 경제란 정보가 넘쳐나는 디지털 환경에서 사용자의 주의를 가장 희소하고 가치 있는 자원으로 간주하며, 이를 확보하기 위한 경쟁이

벌어지는 구조를 말한다. 이러한 환경에서 트렌드를 민감하게 포착하고 확산할 수 있는 능력은 단순한 문화적 감수성을 넘어, 실질적인 사회·경제적 자본으로 전환된다.

허버트 사이먼(Herbert Simon)은 "정보는 풍부하지만, 주의는 희소하다"라고 지적한 바 있다. 디지털 플랫폼은 바로 이 '주의의 희소성'을 기반으로 관심 경제를 구축하고 있으며, 사용자의 주의를 끌기 위해 끊임없이 새로운 트렌드를 생성하고 이를 강화한다. AI 기반 알고리즘은 클릭, 시청 시간, 반응 패턴 등을 분석해 주목 가능성이 높은 콘텐츠를 선별하고 추천하며, 유튜브, 인스타그램, 틱톡 같은 플랫폼은 이를 통해 사용자 관심을 극대화하고 이를 광고 수익과 연결하는 비즈니스 모델을 운영하고 있다.

이처럼 트렌드는 단순한 문화 현상을 넘어, 관심을 집중시키고 이를 수익화하는 경제적 자산으로 기능한다. 트렌드를 빠르게 포착하고 확산시키는 기업과 개인은 시장에서 독점적 이익을 얻는다. 넷플릭스는 새로운 문화 트렌드를 반영한 자체 제작물로 시장의 주목을 선점하고 있으며, 스포티파이는 글로벌 음악 트렌드를 반영한 플레이리스트 큐레이션으로 사용자 잠금(lock-in) 효과를 강화하고 있다. 잠금 효과란 사용자가 특정 플랫폼이나 서비스에 익숙해져 쉽게 이탈하지 못하게 만드는 구조적 유인을 뜻한다.

한국의 메타콩즈(Metakongz) 프로젝트는 '대체 불가능 토큰(NFT, Non-fungible token)'을 활용해 디지털 아트 소유를 넘어 커뮤니티 멤버십과 경제적 이익을 결합한 모델을 제시했다. NFT는 블록체인 기반의 고유한 디지털 자산으로, 상호 교환이 불가능하다는 특징이 있다. 초기 참여자들은 NFT의 희소성으로 사회적 지위와 시장 이익을 기대했지만, 이는 플랫폼 홍보, 인플루언서 마케팅, 알고리즘 최적화로 형성된 인위적 트렌드였다. 이후 NFT 시장의 급격한 변동과 데이터 착취 구조는 개인 참여가 플랫폼 이윤 극대화 전략에 흡수되는 방식을 보여준다. 이 사례는 AI 시대의 트렌드가 자유로운 참여처럼 보이지만, 실제로는 플랫폼 중심의 데이터 경제에게 조정되는 전략적 기제임을 드러낸다.

참고문헌

Bourdieu, P.(1979). *La Distinction : Critique sociale du jugement(Broche).* Les Editions de Minuit. 최종철 옮김(2005). 《구별짓기: 문화와 취향의 사회학 上》. 새물결.

Crawford, K.(2021). *Atlas of AI: Power, politics, and the*

planetary costs of artificial intelligence. Yale University Press.
Jenkins, H.(2006). *Convergence culture: Where old and new media collide.* New York University Press.
Simon, H. A.(1971). Designing organizations for an information-rich world. In M. Greenberger(ed.). *Computers, communications, and the public interest,* pp.37~72. Johns Hopkins University Press.
Tarde, G.(1903). *The laws of imitation.* Henry Holt and Company.
Vejlgaard, H.(2008). *Anatomy of a trend.* McGraw-Hill. 이진원 옮김(2008). 《트렌드를 읽는 기술》. 비즈니스북스.

03
트렌드 생성의 주체

AI 시대에는 트렌드가 인간 주체뿐만 아니라 플랫폼, 알고리즘, 집단행동 데이터를 기반으로 계산되고 예측되며 설계되는 구조로 전환되었다. 디지털 플랫폼은 개인이 프로슈머이자 마이크로 브랜드로 성장할 수 있는 환경을 제공하고, 팬덤은 창의성과 감성 에너지를 바탕으로 알고리즘과 상호작용을 하며 문화적 영향력을 확장한다. 생성형 AI와 디지털 아바타는 예술, 디자인, 소비를 아우르는 새로운 트렌드 생태계를 주도하고 있다.

AI와 난임 극복?

인간: 누구나 트렌드를 만드는 시대

오늘날은 누구나 트렌드를 만들 수 있다. 트렌드의 민주화란 정보화와 디지털 플랫폼의 확산으로 개인이 트렌드의 생산과 확산 과정에 직접 참여할 수 있게 된 현상을 의미한다. 과거에는 언론사, 기업, 마케터, 패션 디자이너 등 전문가 집단이 트렌드를 주도했지만, 이제는 다양한 창업가, 1인 기업, 그리고 '프로슈머(prosumer)' 중심의 활동이 활발하다. 프로슈머란 단순히 상품이나 콘텐츠를 소비하는 데 그치지 않고, 생산 과정에도 직접 참여하는 사용자를 말한다. 소비자가 제품 리뷰로 개선점을 제안하거나, 소셜미디어로 브랜드 홍보 콘텐츠를 제작하고 확산시키는 것이 모두 프로슈머의 활동이다.

이러한 변화는 경제 권력의 분산을 촉진하고, 개인의 창의성과 유연성이 새로운 성장 동력으로 부상하게 했다. 소비자와 생산자의 경계가 흐려지면서 시장 반응 속도는 더욱 빨라졌고, 다양한 니즈에 대응하는 맞춤형 상품과 서비스의 증가로 경제의 다원화와 혁신도 촉진되고 있다. 이는 단순한 시장 구조의 변화에 그치지 않고, 사회 전반에 창의성과 다양성을 중시하는 새로운 생태계를 형성하는 계기가 되고 있다.

이러한 변화를 잘 보여 주는 사례 중 하나가 틱톡을 통한 '오징어게임' 밈의 확산이다. 사용자들이 자발적으로 영상, 패러디, 챌린지를 제작하고 공유함으로써 콘텐츠 확산에 주도적으로 참여했고, 그 결과 전 세계적인 인기를 얻을 수 있었다. 유튜브의 '쇼츠(Shorts)' 기능 역시 짧은 영상 콘텐츠로 실시간으로 새로운 트렌드를 생성하고 확산시키는 데 기여했다. 이는 헨리 젱킨스(Henry Jenkins) 외 공저 《확산적 미디어: 네트워크 문화 시대의 가치와 의미 만들기(Spreadable media: Creating value and meaning in a networked culture)》(2013)에서 강조한 "콘텐츠는 소비되는 것이 아니라 퍼져나가는 것"이라는 개념을 잘 보여 주는 사례다.

또한 디지털 플랫폼은 개인이 '마이크로 브랜드'로 성장할 기회를 제공하며 크리에이터 경제(Creator economy)의 부상을 이끌었다. 과거에는 콘텐츠를 제작하고 유통하기 위해 대형 미디어나 유통망을 거쳐야 했지만, 오늘날은 개인이 직접 팬 층을 형성하고, 수익을 창출하며, 문화적 영향력까지 확보할 수 있는 환경이 조성되었다. 크리에이터 경제란 개인이 자신의 전문성과 창의성을 바탕으로 콘텐츠를 제작·수익화하고, 독립적인 브랜드 가치를 구축하는 경제 활동을 의미한다. K-뷰티 유튜버 이사배, 여행 유튜버 빠니보틀, 패션 인플루언서 기은세 등은 전통 미디어 경로를 거치지 않고, 개인 크리에이터로서 시장을 주도한 대표적 사례다. 이와 같은 흐름은 서브스택(Substack)과 패트리언(Patreon) 같은 플랫폼으로 더욱 확장되고 있다. 서브스택과 패트리언은 개인 크리에이터가 기존 미디어나 중개 플랫폼에 의존하지 않고, 독자나 팬과 직접 연결해 뉴스레터, 창작 콘텐츠, 커뮤니티를 운영하고, 구독료나 후원금으로 자율적인 수익 모델을 구축할 수 있도록 지원하는 플랫폼이다.

트렌드 생성 방식의 이러한 변화는 MZ세대의 부상과도 밀접한 관련이 있다. 디지털 네이티브인 이들은 SNS와 디지털 플랫폼을 능숙하게 활용하며, 창의성과 파급력을 바탕으로 새로운 트렌드를 만들고 이를 빠르게 확산시킨다. 이들은 자신의 경험과 가치를 적극적으로 공유하고, 밈과 챌린지로 집단으로 행동하며, 사회적 · 경제적 영향력을 전략적으로 활용하고 있다. 그 결과 MZ세대는 변화의 흐름을 이끄는 '인플루언서블 세대'로 자리매김하고 있다.

팬덤: 집단 창조와 감성 에너지

오늘날 "팬덤(Fandom)은 어떻게 트렌드를 창조하고 사회를 움직이는 거대한 힘이 되었는가"라는 질문은 현대 문화와 경제를 이해하는 핵심적인 출발점이다. 팬덤은 더 이상 단순한 소비 집단이나 열성팬들의 모임이 아니다. 이들은 창의성과 감성 에너지를 집단으로 결합해 새로운 문화를 창조하고, 트렌드를 주도하며, 나아가 사회적 변화를 이끄는 능동적 주체로 자리매김하고 있다.

팬덤이란 특정 콘텐츠, 인물, 브랜드, 또는 세계관에 대한 강한 애정과 몰입을 바탕으로 형성된 집단을 의미한다. 이들은 단순한 지지를 넘어, 콘텐츠를 적극적으로 소비하고 재생산 · 재구성 · 확산하면서 자신들만의 문화적 세계를 구축해 나간다. 젱킨스는 《팬, 블로거, 게이머》(2006/2008)에서 팬덤을 참여적 문화의 핵심 동력으로 규정하며, 팬은 수동적인 소비자가 아니라 능동적인 생산자라고 강조했다.

디지털 플랫폼의 발전은 이러한 팬덤 활동을 더욱 가속화하고 확장하는 계기가 되었다. 팬덤은 콘텐츠를 단순히 소비하는 데 그치지 않고, 이를 재구성하고 새로운 의미를 부여하며 트렌드의 확산을 주도한다. K팝 팬덤의 팬아트, 팬 픽션(Fan fiction), 커버댄스 영상 공유는 그 대표 사례다. 특히 BTS의 팬덤인 '아미(ARMY)'는 자체 영상과 캠페인을 기획하고 실행함으로써 글로벌 문화 현상으로 성장했다. 팬덤은 이처럼 집단적 창의성과 감정의 힘을 바탕으로 콘텐츠의 파급력을 증폭하는 핵심 주체로 기능하고 있다.

또한 팬덤은 디지털 알고리즘과 상호작용을 하며 트렌드의 확산 속도를 기하급수적으로 높이고 있다. 팬덤의 폭발적 반응과 참여는 유튜브, 인스타그램, 틱톡 등의 추천 알고리즘을 자극해 특정 콘텐츠의 노출 범위를 확대하며, 트위터(X)에서는 팬덤이 주도한 해시태그가 실시간 트렌드를 넘어 전 세계적 이슈로 확산하기도 한다. 최근에는 소셜 리스닝(Social listening)과 감성 분석(Sentiment analysis) 기술로 팬덤의 감정 흐름을 실시간으로 분석하고, 그에 맞춘 콘텐츠 전략이 조정되는 사례도 늘고 있다. 이처럼 팬덤과 알고리즘은 상호 보완적으로 작동하며, 트렌드 확산의 순환 구조를 형성하고 있다.

AI: 알고리즘과 가상 존재

AI가 인간의 손을 떠나 스스로 트렌드를 설계하고, 가상 존재들이 현실 소비를 주도하는 시대가 도래했다. 이러한 전환을 마주하며 우리는 다음과 같은 질문을 던지게 된다. "AI는 어떻게 인간을 대신해 트렌드를 설계하고, 가상 존재는 어떻게 현실 소비를 주도하게 되었는가." 이 질문은 단순한 기술적 호기심을 넘어, 현대 사회의 트렌드 생성 메커니즘을 새롭게 이해하는 데 핵심 단서를 제공한다. 이제 트렌드는 인간의 창의성과 사회적 상호작용만으로 설명되지 않는다. 알고리즘, 생성형 AI, 디지털 아바타 등 새로운 기술적 주체들이 문화의 흐름과 시장의 변화를 주도하고 있으며, 이러한 현실을 간파하지 못한다면 미래를 예측하거나 효과적으로 대응하기 어려울 것이다.

AI는 더 이상 단순한 데이터 분석 도구에 머물지 않고, 문화적 트렌드를 형성하는 주체로 부상하고 있다. 유튜브, 틱톡, 인스타그램 등 주요 디지털 플랫폼은 AI 기반의 추천 시스템으로 사용자 데이터를 분석하고, 개인의 취향에 최적화된 콘텐츠를 자동으로 추천한다. 그러나 이 같은 개인화 추천은 종종 사용자의 선택을 유도하거나 제한하는 '선택 강제형 추천(Forced curation)'으로 작동하며, 알고리즘이 특정 콘텐츠를 집중적으로 노출할 경우 대중의 관심은 편향되고, 그 결과 새로운 트렌드가 형성된다.

AI가 트렌드 생성에 미치는 영향은 가상 인플루언서의 부상에서 극명하게 드러난다. 이들은 디지털 기술로 구현된 존재로, 인간 인플루언서보다 유연하고 통제 가능한 브랜드 대사로 기능한다. 감성적 유대감을 기반으로 팬덤과 지속적인 관계를 형성하며, 브랜드 메시지를 정밀하게 조율할 수 있다는 점에서 새로운 마케팅 전략으로 각광받고 있다. 대표적 예로 릴미켈라(Lil Miquela), 임마(Imma), 슈두(Shudu), 누누우리(Noonoouri), 로지(Rozy), 김래아(Kim RaeAh) 등이 있다.

'릴미켈라'는 2016년 미국 스타트업 브러드(Brud)가 선보인 디지털 휴먼으로, 스페인계 19세 소녀라는 설정을 앞세워 인스타그램에서 처음 등장했다. 이후 프라다(Prada), 캘빈클라인(Calvin Klein), 리볼브(Revolve) 등 글로벌 패션 브랜드 캠페인에 참여했고, 약 400만 팔로어를 확보한 뒤 AR 필터 출시와 NFT 컬렉션 공개로 팬덤의 적극 참여를 이끌어 냈다. '임마'는 일본 출신의 가상 모델로, 시세이도(Shiseido) 광고 모델로 발탁된 후 디지털 런웨이쇼와 인터랙티브 라이브 방송으로 50만 명 이상의 팔로어를 모았다. 이처럼 가상 인플루언서는 단순한 기술 산물을 넘어, 팬덤과 함께 트렌드를 형성·확산시키는 문화 주체로 자리매김하고 있다.

생성형 AI의 발전은 트렌드 생성 방식에 또 다른 혁신을 가져왔다. 달리2(DALL-E 2), 미드저니(Midjourney), 스테이블 디퓨전(Stable Diffusion) 등은 인간의 개입 없이 창의적이고 독창적인 콘텐츠를 제작할 수 있는 기술로, 방대한 데이터를 바탕으로 인간의 감정 패턴을 학습하고 몰입적 가상 경험을 설계해 대중의 공감을 이끌어낸다. 특히 오픈AI(OpenAI)의 달리2는 텍스트 명령만으로 정교한 이미지를 생성할 수 있어, 예술, 패션, 디자인 등 다양한 분야에서 새로운 트렌드 실험이 활발하게 이루어지고 있다.

참고문헌

Gansky, L.(2010). *The mesh: Why the future of business is sharing.* Portfolio. 윤영삼 옮김(2011). 《메시: 빌려주는 사업의 시대가 온다》. 21세기북스.

Jenkins, H.(2006). *Fans, bloggers, and gamers: Exploring participatory culture.* NYU Press. 정현진 옮김(2008). 《팬, 블로거, 게이머: 참여 문화에 대한 탐색》. 비즈앤비즈.

Jenkins, H. et al.(2013). *Spreadable media: Creating value and meaning in a networked culture.* NYU Press.

04
트렌드 헌팅과 예측

트렌드 헌팅은 초기 신호를 감지해 변화를 포착하는 활동이며, 트렌드 예측은 이러한 신호를 분석해 미래의 흐름을 전망하는 과정이다. AI는 데이터 분석으로 실시간 신호 포착, 감성 흐름 분석, 시나리오 설계 등 예측의 정밀도와 전략을 한층 강화한다.

감각과 데이터의 융합, AI 기술의 적용, 그리고 예측의 5단계 프로세스를 구체적 사례와 함께 소개하며, 트렌드 분석의 진화 과정을 체계적으로 살펴본다.

AI와 사주?

트렌드 헌팅: 감각과 데이터의 융합

트렌드 헌팅(Trend hunting)은 사회, 문화, 경제 전반에 나타나는 초기 변화의 징후(signs)와 신호를 조기에 포착해, 미래의 흐름을 감지하고자 하는 탐색 활동을 의미한다. 이에 비해 트렌드 예측(Trend forecasting)은 수집된 신호들을 분석해, 어떤 트렌드가 향후 본격적으로 성장하거나 확산할지 체계적으로 전망하는 과정이다. 즉 트렌드 헌팅이 변화를 '발견'하는 데 초점을 맞춘다면, 트렌드 예측은 이를 바탕으로 '미래를 내다보는' 데 중점을 둔다.

트렌드 헌팅 전문가는 크게 트렌드 헌터(Trend hunter)와 쿨 헌터(Cool hunter)로 나눌 수 있으며, 트렌드 예측 전문가는 트렌드 예측가(Trend forecaster)로 구분된다. 트렌드 헌터는 다양한 산업과 문화 영역에서 초기 변화를 포착하는 역할을 하며, 쿨 헌터는 패션, 음악, 디자인 등 감성 산업에서 신선한 스타일과 상징적 변화를 민감하게 감지한다. 트렌드 예측가는 트렌드 헌터와 쿨 헌터가 수집한 약한 신호를 분석해 중장기적 트렌드 흐름을 예측하고, 이를 기업이나 조직의 전략 수립에 활용할 구체적 시나리오로 제시한다.

2000년대 초반, 트렌드 헌터들은 SNS의 대중화를 단순한 청소년 유행이 아닌, 전 세대 소통 방식의 변화로 인식하고 중요한 사회적 신호로 포착했다. 같은 시기 쿨 헌터들은 거리 패션에서 '놈코어(Normcore)' 스타일을 감지했다. 놈코어는 개성을 드러내기보다 무심한 평범함을 강조하는 스타일로, 청바지, 회색 티셔츠, 스니커즈 등 비(非)스타일 요소를 중심으로 구성된다. 쿨 헌터들은 이를 의류 브랜드의 상품 기획에 반영하도록 제안했으며, 이후 트렌드 예측가들은 이 신호를 기반으로 디지털 네트워킹 문화의 확산과 패션 산업 전반에서 '개성의 평범화'라는 구조적 변화를 장기적으로 전망했다.

2010년대 후반부터 데이터 과학과 AI의 급속한 발전으로 트렌드 헌팅과 예측 방식에 구조적 변화가 일어났다. 디지털 플랫폼에 축적된 대규모 행태 데이터는 인간의 감각으로는 포착하기 어려운 패턴을 실시간으로 드러내기 시작했다. 오늘날의 트렌드 헌터와 예측가는 구글 트렌드와 같은 데이터 분석 도구를 활용해 키워드 급등 현황, 지역별 관심사, 이머징 토픽(emerging topics) 등을 실시간으로 모니터링하고 있다.

예를 들어, 2024년 초 구글 트렌드 분석에서 'AI 패션'과 '지속 가능한 여행'이라는 키워드가 급상승한 것이 확인되었고, 이는 곧 패션 업계와 관광 산업의 핵심 전략

키워드로 채택되어 산업 전반에 빠르게 확산했다. 이 사례는 현대의 트렌드 헌팅과 예측이 더 이상 감각적 관찰에만 의존하지 않으며, 데이터 기반 분석이 필수임을 잘 보여 준다.

AI 기반 트렌드 분석은 전통 트렌드 헌팅에 비해 여러 면에서 뚜렷한 강점을 지닌다. 전통 방법은 전문가의 직관과 감각에 크게 의존하며, 뚜렷한 징후가 나타난 이후에 반응하고, 분석 속도가 느리며 주관적 해석 오류의 가능성도 크다. 또한 고비용 구조와 지역적 한계도 존재한다. 반면 AI 기반 방법은 글로벌 차원의 방대한 데이터를 자동으로 수집하고, 약한 신호를 조기에 탐지하며, 실시간 분석과 데이터 편향 관리가 가능하다.

AI를 활용한 트렌드 예측 기술과 도구

AI 기반 트렌드 예측은 방대한 데이터를 기반으로 미세한 변화를 탐지하고, 정량적 분석과 정성적 해석을 결합해 미래의 흐름을 체계적으로 전망하는 과정을 뜻한다. 이 과정은 실시간 데이터 처리, 약한 신호 탐지, 감성 분석, 생성형 AI, 다중 데이터 소스 통합, 이상 탐지, 설명할 수 있는 AI(explainable AI) 등 다양한 기술이 융합되며, 트렌드의 가능성을 민감하고 정밀하게 포착하는 것을 목표로 한다.

AI 기반 트렌드 예측 기술은 특히 실시간 신호 포착, 감성 흐름 분석, 약한 신호 탐지, 다중 데이터 통합 등 여러 측면에서 강점을 발휘한다. AI는 데이터가 생성되는 즉시 초기 조짐을 민감하게 감지하고, 소셜미디어나 뉴스의 감성 흐름을 분석해 트렌드의 확산 가능성과 반전 위험을 조기에 예측할 수 있다. 또한 기존의 전통 방법으로는 놓치기 쉬운 미세한 변화도 조기에 식별하며, 다양한 데이터 소스를 통합 분석함으로써 보다 입체적이고 정밀한 트렌드 진단이 가능하다. 이와 함께 부정 감성의 급증, 허위 트렌드의 확산, 소셜 봇 활동 등 잠재적 리스크를 조기에 탐지해 선제적으로 대응할 수 있으며, 이로써 단순한 트렌드 추적을 넘어 트렌드 선도와 창출까지 아우르는 전략적 활용이 가능해진다.

이러한 트렌드 예측을 지원하는 AI 도구들은 실시간 감지, 감성 분석, 시나리오 생성 등 다양한 기능을 제공하고 있다. 구글 트렌드(Trends), 네이버 데이터랩(DataLab), 빅카인즈(BigKinds), 다음 데이터큐브(DataCube), 퓨리오사AI 트렌드센스(TrendSense) 등은 실시간 키워드 급등과 조기 신호 탐지에 특화되어 있으며, 이들은 빠른 이슈 감지와 초기 신호 포착에 강점을 보인다. 솔트룩스의 인사이트 스튜디오(INSIGHT STUDIO), 와이즈넛의 인사이트 애널리틱스[Insight Analytics, 대표 제품: 바이즈-비아이크롤러(WISE-BICrawler), 바이즈-빅애널라이저(WISE-BIGAnalyzer), 와이전트 디맵(WISENT D-MAP)], 브랜드와치(Brandwatch) 등은 소셜 리스닝(social listening)과 감성 분석 기능을 결합해 소비자 감정의 흐름을 정밀하게 분석하고 있으며, 이를 통해 사회적 반응과 여론의 변화를 민감하게 포착할 수 있다. 미드저니(Midjourney), 챗GPT, 런웨이ML(RunwayML), 네이버 클로바 크리에이티브 스튜디오, 카카오 브레인의 코달리(KoDALL · E) 및 코GPT(KoGPT) 등은 생성형 AI 도구로, 트렌드 실험과 다양한 콘텐츠 제작에 활용되며 창의적 결과물을 빠르게 구현할 수 있도록 지원한다. 또한 IBM 왓슨트렌드(Watson Trend), SAS 비주얼포어캐스팅(Visual Forecasting), 솔트룩스 트렌드AI, 네이버 클라우드 오토ML포어캐스팅(AutoML Forecasting) 등은 시계열 분석과 자동 인사이트 도출에 특화된 도구로, 데이터의 추세와 변화를 예측하고 분석 결과를 직관적으로 해석할 수 있게 한다. 네이버 애널리틱스(Analytics), 데이블 애널리틱스(Dable Analytics), 아이지에이웍스 애드브릭스(IGAWorks AdBrix) 등은 마케팅 성과 분석과 디지털 전략 수립에 널리 활용되며, 광고 효과 측정과 사용자 행동 분석으로 정교한 마케팅 전략 수립을 지원한다.

앞으로 AI 기반 트렌드 예측은 멀티모달(Multimodal) 데이터 분석 역량의 강화로 텍스트, 이미지, 영상, 음성 등 다양한 정보 형식을 통합 분석해, 트렌드 포착의 폭과 깊이를 더욱 확장할 것이다. 특히 생성형 AI와 시뮬레이션 모델링의 결합은 가상 시나리오의 자동 생성 및 검증 능력을 향상해, 보다 정밀한 예측과 전략 수립을 가능하게 한다.

AI 기반 트렌드 예측 프로세스

AI 기술의 도입으로 예측 과정은 전통적인 정성 조사와 시계열 분석을 결합해 실시간 소셜 리스닝, 자연어 처리(NLP), 예측 모델링 등이 유기적으로 통합된 구조로 발전하고 있다. 이처럼 AI 기반 트렌드 예측 프로세스는 신호 감지, 패턴 분석, 동인 분석, 미래 시나리오 설계, 전략 제안의 다섯 단계로 구성된 연속적 시스템으로 진화하고 있다.

첫 번째 단계인 '신호 감지'는 아직 대중화되지 않았지만 향후 변화를 예고할 수 있는 초기 움직임, 즉 '신호'를 포착하는 것이 핵심이다. 이 단계에서 검색어 트렌드, 소셜미디어 해시태그 급증, 소비자 리뷰, 행동 양식의 변화, 문화 코드 변화 등 다양한 온라인 및 오프라인 데이터를 통합 분석한다. 예를 들어 'AI 패션', '개인화된 의류 추천', '디지털 아바타'와 같은 키워드가 패션 산업과 가상 공간에 동시에 나타나는 현상은 중요한 트렌드 변화의 신호로 해석할 수 있다.

두 번째 단계인 '패턴 분석'은 감지된 신호 간의 공통된 흐름과 상관관계를 구조적으로 파악하는 과정이다. 이 단계는 신호들을 단순히 나열하는 것이 아니라 그것들이 어떻게 연결되고 상호 보완적으로 작용하는지를 분석한다. 예를 들어 'AI 패션', '개인화된 의류 추천', '디지털 아바타'는 모두 'AI 기반 개인 맞춤화'라는 상위 트렌드와 연결되며, 이는 AI가 사용자 취향과 데이터를 기반으로 개인화된 스타일을 제안하는 경향을 보여 준다.

세 번째 단계인 '동인 분석'은 트렌드가 일시적인 유행에 그칠지 아니면 장기적 구조 변화로 이어질지를 판단하기 위해 외부 요인을 다각도로 분석하는 과정이다. 이때 사회(Social), 기술(Technological), 경제(Economic), 환경(Environmental), 정치(Political) 등 다섯 가지 STEEP 분석 기법을 활용해 트렌드에 영향을 미치는 요인을 통합적으로 고찰한다. 예를 들어 'AI 패션' 트렌드는 개성 표현 욕구 증대와 문화적 다양성의 확산(사회), 생성형 AI 기술의 발전(기술), 디지털 소비와 온라인 커머스의 성장(경제), 지속 가능성과 친환경 소비의 관심 증대(환경), 개인정보 보호 규제의 강화(정치) 등 복합적인 요인으로 촉진되거나 제한될 수 있다.

네 번째 단계인 '미래 시나리오 구축'은 분석된 패턴과 동인을 토대로 트렌드가 미래에 어떻게 전개될지를 다양한 가능성으로 설계하는 과정이다. 이 단계에서는 기준 시나리오(Baseline scenario), 낙관적 시나리오, 비관적 시나리오 등 세 가지 관점을 수립한다. 기준 시나리오는 현재의 정책, 시장 흐름, 소비자 행동이 큰 변동 없이 유지될 경우 가장 현실성 높은 미래상을 제시한다. 예를 들어 AI 기반 의상 디자인과 가상 피팅 서비스가 주요 패션 하우스와 얼리어댑터를 중심으로, 제한적으로 확산하는 경우다. 낙관적 시나리오는 기술 발전과 소비자 수용이 가속화되어 개인 맞춤형 AI 패션 플랫폼이 대중적으로 확산하고, 산업 가치 사슬 전반이 재편되는 미래를 가정한다. 반면 비관적 시나리오는 개인정보 유출, 알고리즘 편향, 규제 강화 등의 문제로 AI 패션의 도입이 지연되거나 소비자 신뢰 부족으로 확산이 제한되는 상황을 상정한다.

마지막 단계인 '전략 제안'은 도출된 미래 시나리오를 바탕으로 기업, 조직, 정부가 어떻게 대응해야 하는지 구체적으로 제시하는 단계다. 이 단계는 단순한 미래 전망에 그치지 않고, 실제로 적용 가능한 시장 진입 전략, 제품 및 서비스 개발 방향, 정책 수립 기준 등을 도출하는 것을 목적으로 한다. 'AI 패션'이 빠르게 확산할 것이라는 예측을 바탕으로 의류 기업이 조기에 AI 기반 개인 맞춤형 의류 추천 서비스 개발 전략을 수립하는 것이 대표 사례가 될 수 있다.

참고문헌

Martin, R.(2010). *The Trend Forecaster's Handbook.* Laurence King Publishing.

Vejlgaard, H.(2008). *Anatomy of a trend.* McGraw-Hill. 이진원 옮김(2008). 《트렌드를 읽는 기술》. 비즈니스북스.

VML Intelligence(2024). The Future 100: Trends and Change to Watch in 2024. *VML Report.*

05
AI와 순간적 유행

AI 시대 유행은 입소문이 아닌 AI 알고리즘이 실시간 반응을 분석해 순간적으로 확산시키는 구조로 바뀌었다. '렌사 매직 아바타'나 '달고나 커피 챌린지'처럼 빠르게 확산됐다가 급속히 사라지는 유행이 나타난다.
밈과 바이럴도 감정적 트리거, 간단한 참여, 추천 알고리즘이 결합해 확산되며, 이는 사용자 피로와 정보 과부하, 신뢰성 훼손 위험을 초래한다.

AI와 아이돌?

순간을 지배하는 AI 유행 메커니즘

과거에는 유행이 형성되고 확산되기까지 일정한 시간이 필요했다. 새로운 유행은 주로 입소문이나 미디어로 자연스럽게 확산되며 점진적으로 성장했다. 고전 확산 이론에 따르면 초기 수용자가 등장한 후 이들의 영향을 받아 주변으로 서서히 퍼지면서 완만한 성장 곡선을 그리는 것이 일반적이었다.

그러나 AI 시대에 접어들면서 유행의 형성 방식은 극적으로 변했다. 현대 소셜미디어 플랫폼은 AI 기반 알고리즘을 활용해 사용자 반응을 실시간으로 분석하고, 폭발적인 반응을 보이는 콘텐츠를 즉시 부각한다. 2023년 초 한국 SNS에서 화제를 모은 렌사(Lensa) '매직 아바타(Magic Avatar) 챌린지'는 사용자가 셀카를 렌사 AI 앱에 업로드하면 수십 장의 AI 초상화를 단숨에 생성해 주는 방식으로, 불과 일주일 만에 #MagicAvatar 해시태그로 수백만 건의 게시물이 쏟아졌다. 2020년에는 그림책 '이상한 엄마'의 영향으로 구름빵 레시피 영상이 틱톡과 페이스북으로 확산됐고, "집에서 만드는 구름 같은 빵"이라는 설명과 함께 며칠 만에 수백만 뷰를 기록하며 전국적인 관심을 끌었다. 같은 해 초에는 병뚜껑을 느슨하게 닫은 뒤 발로 차서 여는 '병뚜껑 챌린지' 영상이 국내 쇼트폼 플랫폼에서 큰 인기를 끌며 수많은 사용자가 참여해 수백만 건의 조회 수를 기록했다. 이 사례들은 과거의 유행처럼 입소문으로 서서히 확산되던 방식과 달리, AI 알고리즘 최적화로 단기간에 대중의 관심을 집중시키는 방식을 잘 보여 준다.

AI 알고리즘은 단순히 콘텐츠를 확산시키는 데 그치지 않고, 어떤 게시물을 우선적으로 부각할지 정교하게 판단한다. 플랫폼은 댓글, 좋아요, 공유 등 사용자 반응 데이터를 분석해 집단의 감정 상태를 실시간으로 파악하며, 특히 분노나 열광 같은 강한 정서적 반응을 유발하는 게시물을 우선 전파한다. 이 과정에서 AI는 고강도의 감정 신호를 감지해 자기 강화 사이클을 형성하며, 과거처럼 시간이 지남에 따라 열기를 얻던 유행과 달리 단기간에 폭발적인 열풍을 일으킨다. 이처럼 AI의 개입으로 현대의 일시적 유행은 급속하고 인위적인 동력을 갖추게 되었으며, 자연발생적 · 점진적 확산 대신 AI 알고리즘 기반의 순간적 부상이 새로운 표준으로 자리 잡았다.

AI 기반 밈·바이럴 확산 메커니즘

AI 기반 밈 · 바이럴 확산 메커니즘은 인간의 감정적 동기와 플랫폼의 추천 알고리즘이 결합해 빠르게 작동한다. 밈은 한 문화권 내에서 아이디어나 유행 요소가 복제 · 변형되어 전파되는 현상이며, 인터넷 밈은 농담 이미지나 영상 등이 공유되며 하나의 문화 언어로 자리 잡는다. 바이럴 현상은 특정 콘텐츠가 폭발적으로 확산되는 현상을 말하며, 이 두 현상 모두 강렬한 감정적 콘텐츠가 사람들의 공유 욕구를 자극한다. 또한 공유는 자신을 돋보이게 하려는 심리와 연결되며, 밈과 바이럴은 정체성이나 소속감을 표현하는 수단으로 확산된다.

밈의 대표 사례로 '머선129'가 있다. 부산 사투리로 "무슨 일이야"를 뜻하는 이 표현은 2019년 인플루언서들이 재난 영상에 반응하며 사용한 것이 계기가 되었다. 이후 놀람과 의문을 과장한 이미지와 자막이 정치 · 연예 · 스포츠 등 다양한 맥락에서 확산됐으며, SNS 해시태그 노출로 알고리즘이 확산을 가속했다. 사용자들은 이를 통해 트렌디한 정체성을 드러내고 사투리 유머로 소속감을 표현했다.

두 번째 밈 사례는 '민초단 vs 반민초단'이다. 이 밈은 민트초코 아이스크림을 좋아하는 사람(민초단)과 싫어하는 사람(반민초단) 간의 유머러스한 대립 구도를 담고 있다. 소수의 사용자들이 찬양과 비판을 과장한 게시글을 올리며 화제가 됐고, 민트초코를 맛있게 먹는 '민초단' 캐릭터와 토스트 이미지가 튀어나오는 '반민초단' 캐릭터가 반복 사용되며 패턴이 형성됐다. #민초단, #반민초단 해시태그가 붙은 게시물이 추천 피드에 노출되면서 알고리즘은 이를 더 많은 사용자에게 확산시켰고, 사람들은 자신의 식습관 취향을 유머러스하게 표현하며 밈을 소비하고 재생산했다.

바이럴 사례로는 브레이브걸스의 '롤린' 역주행이 있다. 2017년 발표된 이 곡은 2021년 한 팬이 유튜브 쇼츠에 올린 라이브 공연 클립이 추천 동영상으로 노출되면서 화제가 됐다. "오래된 명곡의 재발견"이라는 내러티브가 폭넓은 공감을 자극했고, 멜론과 유튜브 차트의 자동 갱신 기능이 조회 수를 급증시켰다. 이어 매체 보도와 SNS 릴스 확산으로 '역주행 신드롬'이 형성되었고, 사용자들은 이 성공 스토리를 공유하며 감동을 나눴다.

또 다른 바이럴 사례는 가수 지코의 '아무노래 챌린지'다. 이 챌린지는 지코의 신곡 '아무노래' 후렴구의 쉽고 중독성 있는 비트가 "따라 하기 좋다"는 재미 요소로 작용하며 시작됐다. 틱톡과 인스타그램에서는 #아무노래챌린지 해시태그와 댄스 이펙트 필터가 제공되었고, 포유(For You) 페이지와 추천 피드가 초기 참여 영상을 집중적으로 노출했다. 이로 인해 수백만 건의 쇼트폼 댄스 영상이 제작되었으며, 플랫폼은 이 사용자 제작 콘텐츠를 반복적으로 추천해 참여 층을 지속적으로 확대했다.

이처럼 한국형 밈과 바이럴 현상은 강렬한 감정적 트리거, 간단한 참여 형식, 알고리즘의 반복적 노출, 그리고 정체성과 소속감을 표현하려는 사용자의 심리가 결합해 빠르게 확산된다는 공통된 메커니즘을 보여 준다.

AI가 재구성한 유행 생태계

2020년대에 들어 AI와 클라우드 기술의 발전은 콘텐츠 제작의 진입 장벽을 획기적으로 낮추며, 사실상 무한에 가까운 창작자와 창작물의 등장을 가능하게 했다. 이 같은 콘텐츠 생산의 민주화는 유행 주도권의 분산을 촉진했으며 동시에 유행 생성 속도의 가속화를 불러왔다.

콘텐츠 공급이 폭발적으로 증가하면서 유행 주기는 그 어느 때보다 짧아졌다. 과거에는 하나의 트렌드가 자리 잡고 사라지기까지 수개월에서 수년이 걸렸지만, 이제는 순식간에 소비된 뒤 곧바로 다음 유행으로 교체된다. 특히 소셜미디어 환경에서는 반년 주기였던 트렌드 사이클이 매주 새로운 마이크로트렌드가 등장할 만큼 가속화되었다. 봄·가을 시즌마다 발표되던 스타일도 이제는 일주일 단위로 바뀌는 것이 일상화되었다. AI가 주도하는 콘텐츠 홍수 속에서 사람들은 한 콘텐츠에 오래 머물지 못하고 끊임없이 자극을 찾아 이동한다.

이 같은 유행 주기 단축의 대표적 사례가 2020년 코로나19 초기의 '달고나 커피 챌린지'다. 집에서 손쉽게 만들 수 있는 달고나 커피 레시피는 틱톡과 유튜브 쇼트폼 영상으로 단기간에 전 세계로 확산했으나, 불과 한 달 만에 열기가 급격히 식었다. AI 추천 알고리즘과 사용자 참여가 결합해 폭발적으로 확산했다가 빠르게 사라진 전형적인 사례다.

한편 유행 속도가 빨라지고 자극적인 콘텐츠가 넘쳐나면서 사용자들은 감정 소비 과잉과 피로감을 겪고 있다. 매일 쏟아지는 화제와 밈 속에서 사람들은 강렬한 감정을 반복적으로 소비하며 정서적 소진과 심리적 불안이 심화하고 있다. 특히 AI 알고리즘은 참여를 극대화하기 위해 자극적인 콘텐츠를 연속적으로 공급하며, 이는 이용자를 만성 피로 상태로 몰아넣는다. 빠른 유행 주기는 개인의 심리적 부담을 더욱 가중하고 있다.

또 다른 영향은 콘텐츠 신뢰성의 훼손이다. 대표적 사례로 2019년 발생한 낸시 펠로시(Nancy Pelosi) 미국 하원의장의 딥페이크 영상이 있다. 이 영상은 펠로시 의장의 공개 연설을 속도 조작과 편집으로 비틀거리며 말을 더듬는 모습으로 왜곡했다. 이 영상은 페이스북과 트위터에서 높은 조회 수와 반응을 얻으며 알고리즘 추천으로 확산했고, 수백만 명이 시청했다. 사실 확인이 이루어지기 전까지 이 영상은 진실처럼 받아들여졌고, 결과적으로 미디어의 불신을 심화했다. 이 사건은 딥페이크 기술이 얼마나 쉽게 그럴듯한 왜곡 영상을 만들어 낼 수 있는지 보여 주며, "눈으로 보는 것을 그대로 믿을 수 없다"는 정보 환경의 경각심을 일깨웠다. 이후 주요 플랫폼들은 딥페이크 표시 정책과 AI 기반 진위 검증 기능을 도입했지만, 가짜뉴스 확산 방지는 여전히 해결해야 할 과제로 남아 있다.

AI 주도 유행은 두 얼굴을 지닌다. 한편으로 콘텐츠 생산의 민주화와 창의성 확장이 긍정적이지만, 다른 한편으로는 유행의 단명, 이용자 피로, 정보 신뢰도 하락 같은 부작용이 뚜렷하다. 앞으로도 AI 시대의 유행 구조는 더욱 가속화할 전망이며, 이에 대응하기 위해 딥페이크 검출 기술 개발과 알고리즘 투명성 강화 등 신뢰 회복 노력이 필수다. 이용자 역시 디지털 리터러시를 높이고, 지나치게 빠른 유행에 휩쓸리기보다는 지속 가능한 소비문화를 지향해야 한다.

참고문헌

Amit Goldenberg, A. & Willer, R.(2023). Amplification of emotion on social media. *National Human Behaviour, 7*(6), pp.845~846.

Berger, J.(2016). *Contagious: Why things catch on.* Simon & Schuster, 정윤미 옮김(2013). 《컨테이저스: 전략적 입소문》. 문학동네.

Brady, W.(2023.8.25). Social media algorithms warp how people learn from each other. *Scientific American*, https://www.scientificamerican.com/article/social-media-algorithms-warp-how-people-learn-from-each-other/

Green, E.(2022.9.7). An exploration of social media fatigue. *The Daily Mississippian*, https://thedmonline.com/an-exploration-of-social-media-fatigue/

Hampson, L.(2022.4.1). Why are fashion cycles getting shorter?. *Independence*, https://www.independent.co.uk/life-style/fashion/gen-z-fashion-trends-tumblr-aesthetic-b2042247.html

Fitzgerald, L.(2024.10.17). How deepfakes are impacting public trust in media. *Pindrop*, https://www.pindrop.com/article/deepfakes-impacting-trust-media/

06
AI와 개인화 트렌드

AI와 디지털 기술의 발전은 초개인화 소비를 촉진하며 시장 전반에 변화를 일으키고 있다. 셀프 브랜딩, 솔로 이코노미, 웰니스 · 플렉스 소비 등 다양한 트렌드가 등장했고, AI는 유통 · 의료 · 교육 등 다방면에서 맞춤형 서비스를 제공해 효율성과 편의성을 높이고 있다. 그러나 프라이버시 침해, 알고리즘 편향 등 새로운 윤리적 딜레마도 함께 제기되고 있다.

AI와 야구?

개인주의 확산과 소비 트렌드

AI와 디지털 기술의 발전은 개인화된 경험을 강조하며 개인주의적 소비문화를 촉진하고 있다. 오늘날 개인주의와 초개인화한 소비는 주요 트렌드로 자리 잡고 있으며, 소비자는 경험을 중시해 소유보다는 서비스·구독에 더 큰 관심을 보인다. 또한 개인의 가치관에 부합하는 브랜드와 제품을 선택하는 등 소비 행위가 개인의 정체성과 신념을 반영하는 경향이 강화되고 있다. 이러한 사회적·기술적 배경 속에서 대표적인 소비 경향을 살펴본다.

현대 소비자들은 제품과 콘텐츠 소비로 자아를 브랜딩하고 개성을 표현한다. '셀프 브랜딩의 시대'로 불리며, 유튜브, 틱톡, 블로그, 인스타그램 등 개인 채널로 누구나 창작자가 되어 자신의 메시지를 발신하는 사례가 늘고 있다. 상품 측면에서도 대중적 제품에 개인적 취향을 더해 새로운 가치를 창출하려는 경향이 두드러진다. 이른바 '토핑 경제'로, 소비자가 기성품에 옵션을 추가해 맞춤화하는 방식이다. 유니클로와 아디다스 등 패션업계는 소비자가 직접 디자인할 수 있는 맞춤형 티셔츠·신발 매장을 운영하고 있으며 화장품, 가전, 음료 등에서도 개인화·커스터마이징 서비스가 확대되고 있다.

최근 1인 가구의 증가는 소비 구조 변화를 이끄는 핵심 요인이다. 2024년 12월 주민등록 통계에 따르면 한국의 전체 세대 수는 2411만8928세대이며, 이 중 41.97%에 해당하는 약 1012만2700세대가 1인 가구로 나타났다. 1인 가구의 지속적 증가와 개인주의 성향의 확산은 맞춤형 서비스와 상품의 수요를 꾸준히 확대하고 있다. 여기에 비혼, 만혼, 고령화 현상이 심화되면서 독신 소비자 시장이 더욱 성장하고 있으며, 1인 식당 예약이나 '조용한 여행'과 같은 1인 여행 수요도 주요 트렌드로 부상하고 있다. 이처럼 '솔로 이코노미'의 확산은 결혼 연령 지연과 고령화로 인한 1인 가구 증가와 맞물려 소비시장 전반에서 영향력을 더욱 강화하고 있다.

건강과 심리적 안정의 수요가 개인화 흐름과 결합하면서 빠르게 성장하고 있다. 전통적인 건강관리 소비를 넘어 식단, 운동, 수면, 스트레스 관리 등을 통합 제공하는 플랫폼들이 속속 등장하고 있다. 스타트업 필라이즈(Fillize)는 개인의 영양, 운동, 수면 데이터를 통합 분석해 초개인화된 건강관리 솔루션을 제공한다. 대표적인 체중 · 건강 관리 앱인 눔코리아(Noom Korea), 다신(Dietshin), 라이크핏(LikeFit), 핏데이(FitDay) 등은 커뮤니티 참여, 식습관 코칭, 스트레스 관리 기능을 결합해

AI 기반 서비스로 주목받고 있다. 또한 글로벌 빅테크 기업들은 애플 워치, 구글 핏 등 앱으로 심박수와 수면 같은 생체 신호를 실시간으로 수집해 개인 맞춤형 건강 조언을 제공하고 있다.

마음챙김(Mindfulness) 트렌드가 두드러지고 있다. 코로나19 이후 불안 해소와 정신건강 관리의 관심이 높아지며 명상 시장이 빠르게 성장하고 있다. 글로벌 1위 명상 앱인 '캄(Calm)'은 2012년 출시 이후 1억 명 이상의 사용자를 확보하며 기업가치 약 2조 원을 기록했다. 국내에서는 '마보'와 '코끼리'가 주목받고 있다. 이들 앱은 명상과 심리적 안정에 초점을 맞추고 마음챙김, 수면 유도, 스트레스 완화 등 정신건강 관리 기능을 제공하며, 개인화한 서비스 수요 증가에 힘입어 꾸준히 성장하고 있다.

소셜미디어의 확산과 함께 과시적 소비인 '플렉스' 문화가 퍼지고 있다. MZ세대는 일상에서 가성비를 중시하지만 특별한 순간에는 고가의 제품을 과감히 구매해 자신을 보상하는 경향을 보인다. SNS에서 유명인들이 명품을 착용하거나 고급 경험을 공유하는 모습이 이를 자극하고 있으며, 카카오커머스는 선물하기 서비스에 '명품 선물' 테마를 신설해 명품 지갑, 핸드백, 주얼리 등을 추가했다. 명품과 사치재 구매가 더 손쉽게 이루어지면서 플렉스 소비는 젊은 층의 주요 소비 트렌드로 자리 잡고 있다.

AI 개인화의 산업과 시장 영향

AI 기반 개인화 기술은 다양한 산업 분야에서 혁신을 이끌며 시장 구조를 근본적으로 변화시키고 있다. 기업들은 방대한 고객 데이터와 AI 알고리즘을 활용해 초개인화(Hyper-personalization) 서비스를 제공함으로써 경쟁우위를 확보하려 한다. 과거 획일적인 대량생산과 보편적 서비스가 주류를 이루던 시장과 달리 이제 "나만을 위한" 경험을 원하는 소비자가 다수를 차지하고 있다.

AI 개인화가 산업 전반에 미치는 영향은 다양한 사례로 확인할 수 있다. 마케팅과 전자상거래 분야에서는 아마존이 추천 알고리즘으로 전체 매출의 약 35%를 창출하고 있으며, 고객에게 맞춤형 상품을 제안해 구매 전환율을 크게 높이고 있다. 한국의 쿠팡 역시 AI 기반의 상품 추천 시스템과 실시간 검색어 분석을 활용해 고객의 구매 패턴을 정밀하게 분석하고 있으며, 개인별 맞춤 추천과 로켓배송 서비스 최적화로 충성 고객층을 확대하고 있다. 이처럼 AI는 고객의 취향을 정교하게 분석해 브랜드 충성도를 강화하고, 개인별 고객 경험을 최적화하는 핵심 역할을 수행하고 있다.

엔터테인먼트 분야에서도 AI 개인화는 핵심 전략으로 자리 잡았다. 넷플릭스와 스포티파이는 시청 및 청취 기록을 AI로 분석해 개인의 취향에 맞는 영화와 음악을 추천하며, 이러한 개인화가 이용자의 참여도와 구독 유지율을 크게 끌어올리고 있다. 넷플릭스는 알고리즘 추천에 이용자 평가와 피드백을 결합해 개인화 품질을 지속적으로 개선하며, 미디어 소비 방식을 재편하고 있다.

국내 스트리밍 서비스도 AI 개인화를 적극 활용한다. 디즈니 플러스는 사용자의 시청 행동을 분석해 유사 이용자 그룹이 선호하는 콘텐츠를 추천하고, 신규 오리지널 작품을 집중적으로 노출한다. 티빙은 실시간 시청 패턴과 장르 선호도를 반영한 맞춤형 큐레이션을 제공하며, 이용자의 시청 전환율을 높이고 있다. 웨이브는 사용자별 드라마 · 예능 클립을 자동 생성해 개인 피드에 제공하며, 짧은 쇼츠 콘텐츠로 이탈을 방지한다. 쿠팡플레이는 구매 이력과 멤버십 활동 데이터를 연계하고, 사용자 취향에 맞춘 영화 · 스포츠 중계 추천을 강화해 플랫폼 내 체류 시간을 극대화하고 있다. 이러한 서비스들은 모두 AI 기반 추천 시스템으로 각자의 강점을 살린 맞춤형 경험을 제공하며, 경쟁이 치열한 OTT 시장에서 차별화된 이용자 경험을 만들고 있다.

소매 및 서비스 분야에서도 AI 기반 개인화는 경쟁력을 좌우하는 핵심 요소로 부상했다. 글로벌 뷰티 리테일 기업 세포라(Sephora)는 AI 기반 가상 메이크업 시연 서비스로 소비자에게 맞춤형 쇼핑 경험을 제공하며, 실시간 재고·가격 조정 시스템으로 고객 만족과 매출을 동시에 극대화하고 있다. 국내에서는 올리브영이 AI 피부 진단과 빅데이터 분석을 결합한 개인화 화장품 추천 서비스를 운영해, 고객의 피부 유형과 선호도에 맞는 제품을 제안하는 옴니채널 경험을 제공한다. 아모레퍼시픽은 AI 가상 메이크업 체험 앱 '뷰티 엔진'으로 사용자가 자신의 사진으로 다양한 메이크업 룩을 시뮬레이션할 수 있도록 지원하며, 매장 방문 전 온라인에서부터 맞춤형 제품 탐색을 가능하게 한다. 이러한 개인화 서비스는 온라인과 오프라인을 아우르는 옴니채널 전략의 필수 구성 요소로 자리 잡고 있다.

의료와 교육 분야에서도 AI 기반 개인화 기술은 중요한 변화를 이끌고 있다. 의료 분야에서는 환자의 유전 정보와 생활 습관 데이터를 AI로 분석해 맞춤형 치료 계획을 수립하는 정밀 의료(Precision medicine)가 확산하고 있다. 교육 분야에서는 듀오링고(Duolingo)와 코세라(Coursera) 같은 글로벌 플랫폼이 학습자의 속도와 수준에 맞추어 콘텐츠를 실시간으로 조정해 개별 학습 효과를 극대화하고 있다. 국내에서도 뤼이드(Riiid)의 '산타토익'은 수험생의 오답 패턴과 학습 이력을 AI가 분석해 맞춤형 문제를 제시하고, 매스프레소(Mathpresso)의 '콴다(QANDA)'는 사진으로 찍은 문제를 즉시 풀이와 해설로 연결하는 개인화 학습 서비스를 제공한다. 이러한 혁신은 의료 서비스의 품질을 높이고, 교육의 효율성과 접근성을 제고하는 데 기여하고 있다.

AI 개인화의 편익과 딜레마

AI 기반 개인화는 우리의 일상과 소비자 경험을 깊이 변화시키고 있다. 현대인은 아침에 스마트폰으로 네이버 앱 '뉴스판'의 맞춤 뉴스를 확인하고, 출근길에는 멜론(Melon)이 제공하는 개인화 플레이리스트로 음악을 듣는다. 점심에는 쿠팡의 추천 상품 목록에서 나를 위한 할인 상품을 확인하고, 퇴근 후에는 웨이브(Wavve)의 AI 추천 알고리즘이 추천하는 드라마와 예능을 시청한다. 주말에는 카카오맵의 실시간 교통 분석으로 최적의 경로를 안내받아 여가 시간을 더욱 효율적으로 활용한다.

이처럼 개인화 덕분에 방대한 정보 속에서 자신에게 필요한 것만 빠르게 선별하는 편리함을 실감한다. 실제로 많은 소비자는 개인화가 부족한 콘텐츠에 불편을 느끼며, 맞춤 정보 제공이 기본 기대치로 자리 잡았다. 여가 플랫폼 '야놀자'는 이용자의 여행 목적, 예산, 선호 시설을 종합해 최적의 숙소와 활동을 추천하고, 네이버 지도는 검색 이력과 방문 기록을 기반으로 숨은 명소와 맛집을 자동으로 제안해 여행 계획을 간소화하고 있다. AI 개인화 서비스는 이처럼 일상의 다양한 순간을 사용자 중심으로 재구성하며, 참여도와 만족도를 동시에 끌어올리고 있다.

그러나 개인화 확산과 함께 프라이버시 침해와 자율성 약화의 우려도 커지고 있다. 사용자는 맞춤형 혜택을 누리는 대가로 개인정보와 행동 데이터가 지속적으로 수집 · 분석되고 있다는 점을 인지하며, 이에 대한 거부감과 불신도 여전히 존재한다. 업계에서는 이를 '개인화-프라이버시 패러독스'로 지칭하며, 맞춤형 서비스의 기대와 데이터 남용 우려가 공존하는 딜레마로 보고 있다. 다른 문제는 과도한 개인화가 뜻밖의 발견(Serendipity) 기회를 줄이고, 알고리즘이 제공하는 범위 안에서만 선택해 주체적 선택 폭을 제한할 수 있다는 점이다. 반면 개인화한 건강관리 알림이나 맞춤형 학습 추천처럼 삶의 질을 높이는 긍정적 사례도 꾸준히 등장하고 있다.

결국 AI 개인화는 편의성과 효율성을 제공하는 동시에 프라이버시 보호와 정보 다양성 보장이라는 균형을 고민해야 하는 시대를 열고 있다. 특히 맞춤형 서비스 구현에는 데이터 수집과 분석이 필수지만, 이는 개인정보 침해 및 오용의 위험을 내포한다. 또한 알고리즘의 투명성과 공정성 문제도 주요 과제로 떠오르고 있다. 개인화 알고리즘은 추천 기준이 외부에 잘 드러나지 않아 편향이나 차별이 발생해도 쉽게 파악하거나 시정하기 어렵다. 예컨대 채용 광고나 금융 상품 추천에서 특정 집단이 배제될 경우, 사회적 불평등을 심화할 수 있다.

참고문헌

구민정(2025.1.9). 2025 소비 트렌드 '토핑경제'… 개인 취향 맞춤 '커스터마이징'이 뜬다. ≪경향신문≫, https://stock.mk.co.kr/news/view/636551

김세진(2024.9.12). 미국 혼밥족 폭증에 '조용한 여행'까지… '솔로 이코노미' 온다. 더밀크, https://www.themiilk.com/articles/a9e605234

손정우(2021.6.7). MZ세대의 새로운 소비 트렌드, FLEX!. ≪명대신문≫, https://news.mju.ac.kr/news/articleView.html?idxno=10814

신진아(2025.4.7). '나만의 삶'에 빠져든 대한민국, '멘탈헬스' 주목. ≪파이낸셜뉴스≫, https://www.fnnews.com/news/202504071544065992

윤정원(2023.10.18). 건강 관리에 부는 초개인화 바람…선택 아닌 필수. ≪한국경제≫, https://www.hankyung.com/article/202310124089i

이한규(2025.3.31). 2025년 1인 가구 소비 트렌드를 알려줄 5가지 질문. 동아비즈니스리뷰, https://dbr.donga.com/brdq/view/article_no/15

정혜윤(2023.10.18). 누구나 브랜드가 된다, 셀프 브랜딩 시대. 제일매거진, https://magazine.cheil.com/54146

조지윤(2023). '마음을 지켜요' 디지털 명상 앱 전성시대. 바이브랜드, https://buybrand.kr/pick/meditation/

Ipsos.(2024). South Korea 2025: Shifts and explorations. Ipsos Flair Collection.

Medium(2022.4.5). Don't use "trends"; use "trend-systems", https://medium.com/open-source-futures/dont-use-trends-use-trend-systems-7b7fbea0f158

Nisar, T.(2025.3.19). The personalisation economy: how is AI affecting businesses and markets?. Economics Observatory, https://www.economicsobservatory.com/the-personalisation-economy-how-is-ai-affecting-businesses-and-markets

Kaluža, J.(2022). Habitual generation of filter bubbles: Why is algorithmic personalisation problematic for the democratic public sphere?. *Javnost: The Public, 29*(3), pp.267~283.

Teraiya, V., & Krishnamurthy, R.(2025.2.4). Balancing personalized marketing and data privacy in the era of AI. *California Management Review.*

https://cmr.berkeley.edu/2025/02/balancing-personalized-marketing-and-data-privacy-in-the-era-of-ai/

07
AI와 문화 트렌드

AI 기술은 문화 콘텐츠의 생산 · 유통 · 소비 전 과정을 재구성하며 초개인화 소비, 일반인 창작 참여 확대, 가상 자아 팬덤, 알고리즘 큐레이션 등 새로운 흐름을 만들고 있다.

엔터테인먼트 · 패션 · 출판 · 광고 · 메타버스 · 게임 분야에서는 AI 생성 예술, 가상 아이돌, 메타버스 공연, 디지털 굿즈 등 신유형이 등장해 새로운 수익 모델과 콘텐츠 생태계를 확장했다.

AI와 윤동주?

AI시대, 문화 콘텐츠 트렌드의 진화

AI의 급속한 발전은 문화 콘텐츠의 생산 방식과 소비 패턴 전반에 큰 변화를 일으키고 있다. AI 기술이 창작 도구와 유통 플랫폼에 깊숙이 자리 잡으면서 문화 트렌드의 양상도 근본적으로 달라지고 있다. 특히 초개인화한 문화 소비, 창작의 대중화와 탈전문화, 가상 자아와 디지털 팬덤의 확장, 알고리즘 기반 큐레이션 문화 등이 두드러진 흐름이다.

AI는 초개인화한 문화 소비를 주도하는 핵심 동력으로 작용하며, 문화 향유 방식이 '맞춤형 취향 소비' 중심으로 재편되고 있다. 과거에는 대중이 동일한 콘텐츠를 소비했지만, 이제는 개인의 취향에 맞춘 특화 콘텐츠 소비 경향이 더욱 뚜렷해졌다. 멜론, 지니뮤직, 벅스, 플로 등 국내 스트리밍 플랫폼들은 AI 추천 엔진으로 사용자별 맞춤형 음악 목록을 제공하며, 특히 멜론과 플로는 청취 이력을 기반으로 AI DJ 서비스를 운영해 개인화 큐레이션을 고도화하고 있다. 이처럼 기술 발전과 함께 개별 취향을 중시하는 소비 패턴이 더욱 강화되고 있다.

생성형 AI의 확산으로 전문 예술가뿐만 아니라 일반 대중도 손쉽게 콘텐츠 제작에 참여할 수 있게 되면서 창작의 대중화와 탈전문화 현상도 가속화되고 있다. 이미지 생성, AI 작곡 및 글쓰기 도구를 활용하면 누구나 쉽게 창작할 수 있다. 2024년 권한슬 감독은 생성형 AI로 제작한 판타지 호러 단편영화 〈원 모어 펌킨(One More Pumpkin)〉으로 '두바이국제AI영화제'에서 대상과 관객상을 수상하며 AI와 감독의 역할 분담을 둘러싼 논쟁을 촉발했다. 그러나 창작의 진입 장벽이 낮아진 만큼 전문성 약화와 양산형 콘텐츠 증가의 우려도 함께 제기되고 있다.

가상 자아(Virtual self)와 디지털 팬덤의 확장은 문화 생산 방식을 근본적으로 재정의하고 있다. 가상 자아는 디지털 기술로 구현된 정체성으로, 현실의 물리적 제약을 넘어 새로운 경험을 창출한다. 사용자는 로블록스(Roblox)나 포트나이트(Fortnite) 같은 메타버스 플랫폼에서 아바타로 자유롭게 창작하고 소통하며, 가상 자아는 이 과정에서 문화 생산의 주체로 떠오른다. 예를 들어 영국의 디지털 슈퍼모델 '슈두(Shudu)'는 '세계 최초의 디지털 슈퍼모델'로 랑방 · 살바토레 페라가모 캠페인에 참여했으며, 2020년 삼성전자 'Z 플립' 광고 모델로 발탁된 뒤 제페토(ZEPETO) 패션쇼에도 등장했다. 독일의 '누누우리(Noonoouri)'는 디올 · 베르사체 등 하이엔드 브랜드 홍보 모델로 활동하며, 디지털 런웨이와 한정판

NFT 굿즈로 팬들의 참여를 이끌어 낸다. 이처럼 가상 자아는 브랜드 캠페인과 메타버스 이벤트를 넘나들며 팔로어와 감성적 유대로 트렌드를 공동 창조하는 새로운 문화적 주체가 되었다.

마지막으로 알고리즘 기반 큐레이션 문화도 일상화되었다. 큐레이션은 방대한 정보 속에서 사용자가 관심 가질 만한 콘텐츠를 선별하고 배열하는 과정으로, 유튜브 추천 영상, 넷플릭스 개인화 목록, 틱톡의 포유(For You) 피드 등에서 그 영향력이 두드러진다. 이들 플랫폼은 사용자 행동 데이터를 분석해 선호 콘텐츠를 자동으로 추천하며, 넷플릭스는 섬네일과 홍보 문구까지 개인별로 다르게 제공한다. 인스타그램과 틱톡은 인기 콘텐츠를 빠르게 확산시켜 밈과 챌린지를 형성하고 있으며, 소비자는 점점 알고리즘이 제시하는 콘텐츠를 수동적으로 소비하는 경향을 보이고 있다.

AI 시대, 문화 콘텐츠 지형의 변화

AI 기술의 발전은 새로운 문화 콘텐츠 유형의 등장을 이끌고 있다. 특히 AI 생성 예술은 독립적인 예술 흐름으로 자리 잡았다. 2018년 파리 크리스티 경매에서 AI가 만든 초상화 〈에드몽 드 벨라미(Edmond de Belamy)〉가 43

만 달러에 낙찰되며 전 세계의 이목을 끌었고, 2022년 미국 콜로라도 박람회에서 AI가 제작한 그림 〈스페이스 오페라 극장(Théâtre D'opéra Spatial)〉이 우승하며 전통 미술계에 큰 반향을 일으켰다. 문학 분야에는 AI가 쓴 《원 더 로드(1 the Road)》가 출간돼 작품성을 인정받았고, 음악 분야는 AI 작곡가 아이바(AIVA)가 영화 · 게임 음악 부문에서 여러 차례 수상하며 AI 창작물의 예술적 가치를 입증했다. 이러한 흐름은 예술의 주체와 범주를 확장하며 창작의 지형을 새롭게 그려 가고 있다.

가상 인플루언서가 디지털 시대의 새로운 스타 유형으로 자리 잡고 있다. 이들은 전문 분야에 따라 고유한 개성과 역할을 지니며 디지털 팬덤 문화를 선도하고 있다. 2022년 데뷔한 한국의 '로지(Rozy)'와 '김래아(ReahKeem)'는 대표적인 디지털 휴먼형 인플루언서다. 로지는 싸이더스 스튜디오엑스가 제작한 가상 인물로, 자연스러운 외모와 표정 연기로 주목받으며 신한라이프 광고 조회 수 1000만 회, 인스타그램 팔로어 6만1000명을 기록했다. 김래아는 LG전자가 개발한 디지털 휴먼으로, 모션캡처와 자연어 학습으로 음성을 구현했으며 SNS에서 13만 팔로어를 확보하고 맞춤형 라이브 쇼로 팬들과 실시간 소통 중이다. 이 외에도 패션 분야의 한유

아(Han Yua), 뷰티 튜토리얼의 수아(Sua), 가상 여행 콘텐츠의 루시(Lucy) 등 각기 다른 영역에서 활약하는 가상 인플루언서들이 가상과 현실의 경계를 허물며 새로운 디지털 스타로 자리매김하고 있다.

메타버스 공간의 문화 활동도 일상화되고 있다. 대표적으로 세계적 가수 트래비스 스콧(Travis Scott)은 2020년 온라인 게임 〈포트나이트(Fortnite)〉 내에서 가상 콘서트를 열어 동시 접속자 1230만 명을 모았고, 전체 이벤트 참여자는 2770만 명에 달하는 기록을 세웠다. 이처럼 메타버스는 공연장, 전시장, 놀이 공간 등으로 변모하며 현실의 물리적 제약을 넘어서는 새로운 문화 향유 공간으로 자리 잡고 있다.

끝으로 디지털 굿즈(Digital goods)의 부상도 주목할 만하다. NFT 기술은 디지털 작품과 아이템에 희소성과 소유권을 부여하며, 2021년에는 디지털 아티스트 비플(Beeple)의 NFT 아트워크가 약 6930만 달러에 낙찰되며 큰 화제를 모았다. K팝 팬덤에서도 포토카드 NFT나 아바타용 의상 등 가상 굿즈 구매가 확산하며, 디지털 공간에서 팬심을 표현하는 문화가 자리 잡고 있다. 이처럼 AI와 블록체인은 문화 콘텐츠와 소비재의 형태를 변화시키며, 무형의 디지털 상품이 실질적 가치를 지니는 시대를 열고 있다.

AI시대, 문화 산업 구조의 재편

AI 기술은 이제 개별 콘텐츠 수준을 넘어 문화 산업 전체의 구조와 흐름을 변화시키고 있다. 엔터테인먼트, 패션, 출판 · 미디어 등 다양한 산업 영역에서 AI는 새로운 서비스와 비즈니스 모델을 창출하며 기존 방식을 재구성하고 있다. 이 변화는 단순한 기술 혁신을 넘어 인간의 창조성, 소비 행태, 나아가 문화적 상상력의 경계까지 흔들고 있다는 점에 주목할 필요가 있다.

엔터테인먼트 산업에서 AI가 가수, 음악 제작, 공연 방식을 혁신하고 있다. 한국에서 2023년 카카오엔터테인먼트와 넷마블이 선보인 4인조 가상 아이돌 메이브(MAVE:)와 같은 해 데뷔 앨범 초동 20만 장을 기록한 플레이브(PLAVE)가 음반 시장과 디지털 굿즈, 가상 공연으로 팬덤을 확장하고 있다. 이 외에도 라이엇게임즈의 가상 걸그룹 케이/디에이(K/DA)를 비롯해 최근 엔터테인먼트사들이 잇달아 선보이는 가상 아이돌들은 음악, 커머스, 메타버스 공연을 넘나들며 '가상과 현실'의 경계를 허무는 새로운 스타 유형으로 자리매김하고 있다.

패션 산업에서는 디지털 패션과 AI 스타일링 서비스

가 트렌드를 선도하고 있다. 과거 전문가의 경험에 의존하던 트렌드 예측은 이제 AI가 소셜미디어 데이터를 분석해 수행하고 있다. 신세계인터내셔날은 AI 기반 가상 프로필로 초개인화 스타일링을 제공하고 있으며, 삼성물산 패션 부문도 AI 스타일링 추천 서비스를 도입해 고객 체류 시간과 구매 전환율을 크게 끌어올렸다. 또한 3D 의상 디자인과 AR 피팅 기술을 활용해 디지털 패션을 판매하는 드레스엑스(DressX) 같은 플랫폼은 새로운 시장을 개척하고 있다.

출판 · 미디어 산업에서도 AI는 뉴스 작성, 웹소설 자동화, 다국어 번역 등 다양한 방식으로 콘텐츠 생산의 효율성과 다양성을 높이고 있다. 네이버는 AI가 작성한 뉴스 기사에 출처를 명시하는 정책을 도입했으며, GPT-4 기반 글쓰기 보조 도구는 창작 환경을 혁신하고 있다. 특히 카카오페이지와 카카오픽코마는 AI 번역 기술을 활용해 일본과 동남아 시장에 현지화한 웹소설과 웹툰을 빠르게 공급하며, 카카오픽코마는 일본 시장에서 큰 성공을 거두고 있다.

참고문헌

동아일보(2025.4.22). 노벨피아, 북미 진출… AI 기술로 대규모

웹소설 동시 번역·제공,
https://www.donga.com/news/Economy/article/all/20250422/131465026/1

오유교(2023.10.17). '연수입 25억' 외신도 주목한 한국의 가상 인플루언서 정체는?. ≪아시아경제≫,
https://www.asiae.co.kr/article/2023101707010872104

문현호(2024.9.8). 초개인화 나선 패션가…뭐 입을지 'AI 코디'가 골라준다. ≪이투데이≫,
https://www.etoday.co.kr/news/view/2398722

AI Times(2022.5.2). 국가별 가상인간, 어떻게 다를까… 해외에서는 '주근깨에 쌩얼이 대세',
https://www.aitimes.com/news/articleView.html?idxno=144379

Allemang. D.(2025.2.14). AI and the democratization of Art. Medium,
https://medium.com/@dallemang/ai-and-the-democratization-of-art-194cb4e9a757

Angmo, P & Mahajan, R.(2024). Virtual influencer marketing: a study of millennials and gen Z consumer behaviour, *Qualitative Market Research, 27(2)*, pp.280~300.

Dondapati, A. & Dehury, R. K.(2024). Virtual vs. human influencers: The battle for consumer hearts and minds. *Computers in Human Behavior: Artificial Hhumans, 2(1)*, 100059.

Hwang, S., etc.(2024). Should your brand hire a virtual influencer?. *Havard Busines Review*,
https://hbr.org/2024/05/should-your-brand-hire-a-virtual-influencer

Kastrenakes, J.(2021.3.12). Beeple sold an NFT for $69 million.

The Verge,
https://www.theverge.com/2021/3/11/22325054/beeple-christies-nft-sale-cost-everydays-69-million

Rabimov, S.(2024.11.29). The AI revolution in fashion: How genera is shaping the digital future of design. *Forbes*, https://www.forbes.com/sites/stephanrabimov/2024/11/29/the-ai-revolution-in-fashion-how-genera-is-shaping-the-digital-future-of-design/

Reuters(2020.4.28). Travis Scott's fortnite concert series draws 27.7M unique views,
https://www.reuters.com/article/sports/travis-scotts-fortnite-concert-series-draws-277m-unique-views-idUSFLM2PGVN5/

SNS Insider(2025.3.11). Virtual influencer market to hit USD 154.6 billion by 2032, Fueled by AI-Driven Personalization and 24/7 Engagement, GlobeNewswire,
https://www.snsinsider.com/reports/virtual-influencer-market-5924

08
AI와 메가트렌드

메가트렌드와 AI의 순환적 피드백 구조가 10~20년 뒤 기술 · 사회 · 경제 지형을 어떻게 재편하는지 살펴본다. AI는 디지털 전환, 기후 위기, 고령화 등 기존 메가트렌드를 증폭 · 촉진하며, 에이전틱 · 생성 민주화 · 멀티모달 · 에지 · 책임 거버넌스 · 환경 AI 등 6대 신 메가트렌드를 견인한다. 장주기 이론 · 복잡계 · 다층 기준 분석으로 미래 예측의 핵심 인사이트를 제시하며, 빅데이터, DAC, 정밀의학, 스마트 케어 로봇 등의 사례를 제시한다.

AI와 한의학?

메가트렌드×AI: 순환적 피드백 구조

메가트렌드는 수십 년 이상 장기적으로 지속되며, 사회, 기술, 환경, 경제, 정치 등 전 영역에 구조적 변화를 이끄는 거대한 변화의 흐름을 의미한다. 이 개념은 미국의 미래학자 존 나이스빗(John Naisbitt)이 《메가트렌드(Megatrends)》(1982/1991)에서 처음 제시한 것으로, 그는 메가트렌드를 약 10~20년간 지속되는 단기적 흐름과 50~100년 이상 장기적으로 작동하는 구조적 변화로 파악했다.

메가트렌드를 이론적으로 이해하기 위해 장주기 이론, 시스템적 관점, 그리고 비선형 변화 모델과 같은 다양한 분석 틀이 활용된다. 장주기 이론(Long-wave theory)은 경제 · 사회 변화가 수십 년 단위로 반복되는 구조적 주기를 강조하며, 시스템적 관점(Systems perspective)은 메가트렌드를 하나의 유기적 전체로 보고 요소 간 상호작용과 피드백 구조를 분석한다. 비선형 변화 모델(Dynamic, non-linear change model)은 변화가 점진적이지 않고 돌발적이며 예측 불가능한 방식으로 전개될 수 있음을 설명한다. 이러한 이론들은 메가트렌드의 형성과 전개 과정을 구조적으로 설명할 수 있는 기반을 제공한다. 예를 들어 콘드라티예프 파장(K-Wave)

은 약 50~60년 주기로 반복되는 기술 및 경제 구조의 변동을 설명하며, 메가트렌드를 거시경제적 관점에서 해석할 수 있도록 도와준다.

한편, 사회적 복잡계 이론(Complex systems theory)은 메가트렌드가 단일한 원인으로 발생하는 것이 아니라 기술, 사회, 환경, 정치 등 다양한 요인들의 복합적인 상호작용 속에서 형성된다는 점을 강조한다. 이러한 복잡계 접근은 메가트렌드를 단순한 선형적 결과로 보기보다는, 예측 불가능한 비선형적 전환과 상호작용의 결과로 이해한다는 점에서 중요한 통찰을 제공한다.

AI는 메가트렌드 생태계에서 증폭기이자 촉매제 역할을 한다. 예컨대 디지털 전환이라는 메가트렌드는 빅데이터와 클라우드 인프라의 확산을 가속해 AI 모델의 정밀도를 높이고, 다양한 AI 기반 비즈니스 모델의 등장을 촉진했다. 환경 분야에서는 AI 알고리즘이 직접 공기 포집(DAC) 기술의 효율을 개선해 탄소중립 전략의 효과를 극대화하고 있다.

반대로 메가트렌드는 AI 발전의 촉매로도 작용한다. 고령화 사회는 스마트 케어 로봇과 정밀의학을 위한 AI 연구를 활성화하며, 관련 분야의 투자 확대를 이끌고 있다. 실제로 AI 기반 영상 진단 기술은 방사선 판독의 정확도를 20% 이상 향상해, 고령사회에 대응하는 핵심 의료 기술로 주목받고 있다.

메가트렌드가 만든 AI 전환

오늘날 디지털 전환, 인구 구조 변화, 기후 위기 대응, 도시화 및 스마트시티, 인간-기계 융합이라는 다섯 가지 메가트렌드는 전 세계 산업과 사회 전반의 패러다임을 근본적으로 재편하고 있다. 이러한 장기적 흐름 속에서 AI는 단순한 기술 도구를 넘어, 의사 결정 고도화와 혁신 가속화의 핵심 동력이다.

디지털 전환은 클라우드, 빅데이터, 사물인터넷 등을 기반으로 조직의 비즈니스 모델과 운영 방식을 근본적으로 재설계하는 장기적 변화 흐름이다. AI는 실시간 데이터 분석과 예측으로 의사결정의 정확도와 속도를 향상하고, 복합 업무의 자동화로 디지털 역량을 강화한다. 또한 추천 알고리즘으로 개인 맞춤형 서비스를 제공해 고객 경험의 혁신을 주도하고 있다.

인구 고령화는 복지 및 의료 시스템의 전면적 재편을 가속화하고 있다. AI 기반 돌봄 로봇은 정서적 지원과 물리적 보조를 제공하며, AI를 활용한 의료 영상 분석은 치매 등 만성 질환의 조기 진단을 가능하게 한다. AI는 병원의 자원 수요를 예측해 운영 효율성을 높이고, 사회 전체의 의료비 절감에도 기여하고 있다.

환경 지속가능성 분야에서 AI는 에너지 관리와 자원 최적화를 위한 핵심 기술로 작동한다. 예를 들어, 구글 딥마인드(DeepMind)는 데이터센터 냉각 시스템에 머신러닝을 도입해 에너지 사용량을 40% 절감했다. AI는 재생에너지 생산량 예측, 폐기물 분류 자동화 등 다양한 분야에서 기후 위기 대응을 지원하며, 세계경제포럼(World Economic Forum)은 AI를 탄소중립 사회로 가는 핵심 열쇠로 평가하고 있다.

도시화 및 스마트시티의 확산은 AI 기반 디지털 트윈(Digital twin) 기술의 발전과 함께 도시 운영 전반에 혁신을 가져오고 있다. 2024년 약 177억 달러였던 글로벌 디지털 트윈 시장은 2032년까지 2593억 달러로 성장할 것으로 예측된다. AI는 교통, 에너지, 환경 데이터를 실시간으로 분석해 도시 운영의 효율성을 높이고, 교통 최적화, 범죄 예측, 인프라 자동 점검 등 다양한 기능을 수행한다.

인간-기계 융합은 웨어러블 디바이스, 증강현실(AR)·가상현실(VR), 뇌-컴퓨터 인터페이스(BCI, Brain-Computer Interface) 등의 기술로 인간의 인지 능력을 확장하고 있다. AI는 정보 분석과 의사결정 지원은 물론 맞춤형 교육 및 의료 콘텐츠를 제공해 개인화한 경험을 강화하고 있다. 특히 AI 제어 로봇 외골격은 장애인과 노약자의 이동성을 향상해 포용 사회 실현에 기여하고 있다.

과거 AI 기술은 주로 금융 분야의 알고리즘 트레이딩이나 제조업의 로봇 자동화에 집중되어 있었다. 그러나 최근에는 기후 위기 대응, 고령화 사회, 도시 재설계 등 다양한 메가트렌드와 결합하면서 AI의 적용 범위가 사회 전반으로 확대되고 있다. 에너지 분야에서는 스마트 그리드 시스템을 통한 실시간 예측과 최적화로 에너지 소비 효율을 높이고 탄소 배출을 줄이는 데 AI가 핵심적 역할을 수행하고 있다. 도시 설계와 정책 개발에서도 디지털 트윈 기반의 시뮬레이션과 예측 기술이 적극 활용되고 있으며, 이는 스마트시티 전략의 핵심 구성 요소다. 의료 및 헬스케어 분야에서는 AI가 진단 정확도를 높이는 동시에, 환자 중심의 맞춤형 서비스 제공을 가능하게 하고 있다. 2024년 기준으로 생성형 AI의 의료 분야 도입률은 이미 70%를 넘어, 본격적인 확산 단계에 진입한 것으로 평가된다.

AI가 여는 새로운 메가트렌드

오늘날에 에이전틱 AI, 생성 AI의 민주화, 컴포지트 · 멀티모달 AI, 에지 인텔리전스, 책임 있는 AI 거버넌스, 환경 지속가능성을 위한 AI 등 여섯 가지 주요 흐름은 향후 10~20년간 기술, 사회, 경제 전반의 메가트렌드를 재편할 핵심 동력으로 작용할 것으로 보인다. 이러한 흐름은 단순한 기술 트렌드를 넘어, 사회 구조와 인간의 삶의 방식을 근본적으로 변화시키고 있다.

에이전틱 AI(Agentic AI)는 단순 보조를 넘어서, 스스로 계획을 수립하고 실행하는 자율 AI 에이전트의 등장을 의미한다. 이는 고객 응대, 일정 관리 등 복합적인 업무를 자동화함으로써 행정 효율성을 제고하고, 인간이 더욱 창의적인 업무에 집중할 수 있는 환경을 조성한다.

생성 AI 민주화(Democratization of Generative AI)는 클라우드 기반 API(Application Programming Interface)와 로코드 · 노코드 플랫폼의 확산으로 AI 기술의 접근성을 획기적으로 낮추고 있다. API는 개발자가 복잡한 기능을 직접 구현하지 않고도 서비스 간 데이터를 주고받거나 AI 모델을 호출할 수 있도록 하는 인터페이스를 말하며, 로코드 · 노코드 플랫폼은 최소한의 코드 작성만으로(Low-Code) 또는 전혀 코드 없이(no-code) 시각적 도구만으로 애플리케이션과 워크플로를 빠르게 구성할 수 있게 해 준다. 이 덕분에 비전문가도 고급 콘텐츠 생성과 데이터 분석을 수행할 수 있으며, 조직 내 디지털 역량 격차를 크게 줄이는 동시에 전 산업에서 창의성과 문제 해결 능력을 촉진하고 있다.

컴포지트 및 멀티모달 AI(Composite & Multimodal AI)는 머신러닝, 딥러닝, 규칙 기반 시스템 등을 결합해 텍스트, 이미지, 음성 등 다양한 형태의 데이터를 동시에 처리할 수 있어 교육, 헬스케어, 보안 등 여러 분야에서 활용 범위가 크게 확대되고 있다.

에지 인텔리전스(Edge intelligence)는 데이터 센터가 아닌 스마트폰이나 자율주행차 등 사용자의 기기 안에서 실시간으로 AI 연산을 수행해 지연 없이 데이터를 처리하며 스마트시티, 자율주행, 산업용 IoT(사물인터넷) 등 빠른 대응이 필요한 분야에 유용하다.

책임 있는 AI 거버넌스(Responsible AI governance)는 투명성, 공정성, 설명 가능성 등을 중심으로 한 윤리적·법적 위험 관리 체계를 의미하며, 특히 금융, 의료, 공공 부문에서 AI의 신뢰성과 사회적 수용성을 높이는 데 핵심 역할을 수행한다.

환경 지속 가능성을 위한 AI는 머신러닝 기반의 예측

및 최적화로 에너지 효율화, 탄소 배출 감축, 재생에너지 예측 등을 지원하며, 기후 위기 대응의 실질적 수단으로 부상하고 있다.

이러한 신(新) 메가트렌드들은 기존의 다섯 가지 메가트렌드–디지털 전환, 인구 고령화, 환경 지속 가능성, 도시화 및 스마트시티, 인간-기계 융합–와 깊이 있게 교차하고 융합되며 새로운 패러다임을 창출하고 있다. 예를 들어 에이전틱 AI와 디지털 전환이 결합할 경우, 기업의 전사적 자원관리(ERP) 시스템은 완전한 자율 운영체제로 진화할 수 있다. 또한 생성 AI의 민주화는 고령화 사회에서 요구되는 교육 및 의료 콘텐츠의 대량 제작이 가능하며, 컴포지트 AI는 스마트시티 내 복잡한 데이터 흐름을 통합해 도시의 지속가능성과 시민 안전을 동시에 강화할 수 있다.

참고문헌

동아사이언스(2025.2.20). 돌봄 로봇·AI, 초고령 시대 환자 건강 직접 개선…'규제 개선돼야'.
https://m.dongascience.com/news.php?idx=70152

Chirițescu, T.(2025.1.10). 2025 and Beyond: The Rise of Composite Intelligence. Linkedin,
https://www.linkedin.com/pulse/2025-beyond-rise-comp

osite-intelligence-toma-chiri%C8%9Bescu-gnavf/
Fortune Business Insights(2025.4.7). Digital twin market size, share & industry analysis. *Fortune Business Insights*, https://www.fortunebusinessinsights.com/digital-twin-market-106246
Gleecus TechLabs Inc.(2025.4.17). AI agents to agentic AI: The evolution of autonomous intelligence. https://gleecus.com/blogs/ai-agents-to-agentic-ai-autonomous-intelligence/
Google DeepMind(2016.7.20). DeepMind AI reduces Google Data Centre cooling bill by 40%, https://blog.google/outreach-initiatives/environment/deepmind-ai-reduces-energy-used-for/
Jeflea, F. V.(2022). Societal technological megatrends: A bibliometric Analysis from 1982 to 2021. *Sustainability, 14(3)*, 1543.
McKinsey & Company(2025.3.26). Generative AI in healthcare: Current trends and future outlook, https://www.mckinsey.com/industries/healthcare/our-insights/generative-ai-in-healthcare-current-trends-and-future-outlook
Naisbitt, J.(1982). *Megatrends: Ten new directions transforming our lives.* Warner Books. 이창혁 옮김(1991). 《메가트렌드》. 21세기북스.
Perri, L.(2023.10.17). Generative AI can democratize access to knowledge and skills. Gartner, https://www.gartner.com/en/articles/generative-ai-can-democratize-access-to-knowledge-and-skills
World Economic Forum(2025.1.29). Energy and AI: The power

couple that could usher in a net-zero world, https://www.weforum.org/stories/2025/01/energy-ai-net-zero/

09
AI 시대의 트렌드 분석과 전략

AI 시대의 트렌드 분석은 감지부터 전략 실행까지 전 과정을 자동화하며, 소셜 리스닝, 시계열 예측, 생성형 AI 요약 등 기술을 활용해 약한 신호를 민감하게 포착하고 예측 정확도를 높인다. 메가트렌드는 트렌드 레이더와 호라이즌 매핑 등 시각화 도구로 전략화하며, 반 트렌드와 창의적 파괴 전략은 알고리즘 중심 구조에 비판적으로 대응하고 새로운 흐름을 창출하는 핵심 접근법으로 제시된다.

AI와 화장품?

AI 기반 트렌드 분석 기술의 진화

전통적 트렌드 분석은 전문가의 경험, 설문조사, 과거의 판매 및 소비 데이터를 중심으로 과거 패턴을 해석하고 미래 흐름을 예측하는 방식이었다. 반면 AI 기반 트렌드 분석 기술은 데이터 수집부터 처리, 시각화, 보고서 작성까지 전 과정을 자동화하고 정교화해 개인과 조직의 실시간 대응 역량을 크게 강화하고 있다. 앞으로는 텍스트뿐 아니라 이미지, 영상, 음성 등 멀티모달 데이터를 통합 분석하고, 강화학습 기반 예측 모델이 도입되면서 기술은 더욱 고도화될 전망이다. 특히 소셜 리스닝, 자연어 처리, 시계열 예측 모델, 생성형 AI 요약 등 다양한 기술로 미세한 신호를 조기에 감지 · 분석하며, 개인과 조직이 미래 변화에 효과적으로 대응할 수 있도록 통찰력을 제공한다.

소셜 리스닝은 전 세계 수십억 건의 SNS 게시물, 블로그, 포럼, 댓글 등 비정형 데이터를 실시간으로 모니터링해 소비자의 대화 흐름과 맥락을 파악하는 기술이다. GPT-4 기반 감성 분석 엔진은 단순한 키워드 빈도를 넘어 문맥과 의미를 정밀하게 해석하며, 브랜드의 긍정 · 부정 · 중립 반응을 분류하고 잠재적 이슈를 조기에 탐지할 수 있다. 2025년 3월, 맥도날드는 GPT-4 기반 감성 분석이 적용된 토크워커(Talkwalker) 플랫폼으로 #McDPriceHike 해시태그의 부정 감성이 급증하는 조짐을 감지하고, 즉각 할인 프로모션과 메시지 전략으로 대응해 부정 반응을 30% 줄이는 성과를 거두었다.

시계열 예측 모델은 시간의 흐름에 따라 트렌드가 부상-정체-쇠퇴하는 패턴을 학습해 미래 변화를 예측하는 기술이다. 순환신경망(RNN)과 장단기 메모리 네트워크(LSTM)는 과거 데이터의 계절성, 추세, 불규칙성을 효과적으로 학습하며, 페이스북(현 Meta)이 개발한 프로핏(Prophet)은 휴일과 이벤트 같은 외부 요인을 반영해 예측 정확도를 높이는 오픈소스 머신러닝 도구다. 프로핏은 설치와 활용이 간편하고 비정상적 변동성에도 강점을 보이며, 2024년 신발 수요 예측 연구에서 우수한 정확도를 입증한 바 있다.

생성형 AI 기반 자동 요약 기술은 방대한 텍스트 데이터를 핵심 인사이트 중심으로 요약해 분석 보고서 작성 시간을 획기적으로 단축한다. 클로드3(Claude 3), 제미나이(Gemini), GPT-4 등 최신 모델은 수천 건의 소셜미디어 게시글, 뉴스, 리포트를 분석해 일관된 트렌드 리포트를 자동으로 생성할 수 있다. 예를 들어 한 분석가는 넷플릭스가 공개한 'What We Watched(우리가 시청한

내용)' 엑셀 데이터를 GPT-4에 입력해 단 20분 만에 누적 시청 시간, 누락 데이터 경고, 시청 패턴 등 주요 인사이트를 담은 분석 보고서를 완성했으며, 이는 수작업 대비 75% 이상의 시간 절감 효과를 거두었다.

AI 분석 기술은 공공 부문에서도 활용되고 있다. 영국 NHS AI Lab의 '병상 배치 개선 프로젝트'는 병원 입원 기록을 기반으로 실시간 수요를 예측하고 최적의 병상 배치 방안을 제시하는 AI 프로토타입을 개발했다. 이 프로젝트는 14주간의 시범 운영으로 예측 정확도를 크게 높이고 의료 인력의 업무 부담을 효과적으로 줄이는 성과를 기록했다.

메가트렌드 분석과 실행 프레임워크

AI가 주도하는 메가트렌드는 다차원적이고 변화 속도가 빨라 전통적인 표나 텍스트 기반 분석만으로는 전체 생태계를 파악하고 대응하기 어렵다. 이에 따라 시각화 기법의 중요성이 더욱 부각되고 있다. 트렌드 레이더(Trend radar)는 복잡한 메가트렌드를 원형 차트로 시각화해 맥락화한 인사이트를 제공하며, 호라이즌 매핑(Horizon mapping)은 시간 축을 기준으로 우선순위를 설정해 경영진의 전략적 의사 결정을 지원한다. 트렌드

레이더는 STEEP 프레임워크를 기반으로 메가트렌드를 다섯 축으로 분류하며, 각 요소는 상호 연관성과 영향력을 고려해 차트에 배치된다.

차트에서는 각 트렌드를 시급성과 실행 가능성에 따라 긴급(immediate), 단기(near), 장기(long)의 세 가지 호라이즌으로 구분한다. '긴급'은 즉각 대응이 필요한 트렌드를, '단기'는 1~3년 이내 실행 가능한 전략 과제를, '장기'는 5년 이상의 중장기 탐색 과제를 의미한다. 이 구분은 기술의 기대치가 정점에 올랐다가 현실 검증을 거쳐 안정화되는 과정을 시각화한 가트너(Gartner)의 하이프 사이클(Hype Cycle)을 참고해 설계되며, 기술 성숙도와 시장 채택 곡선을 반영해 정밀하게 조정된다. 하이프 사이클은 신기술이 등장한 이후 초기 과도한 기대, 실망, 재조정, 안정적 생산성 단계로 이어지는 전형적인 패턴을 보여 주며, 각 트렌드의 현재 위치와 발전 가능성을 판단하는 중요한 지표로 활용된다. 이를 통해 각 트렌드는 단순한 유행인지, 실질적 성장 잠재력이 있는지 평가할 수 있다.

호라이즌 매핑의 핵심은 트렌드 레이더에 배치된 각 트렌드를 비즈니스 임팩트, 실행 가능성, 조직 역량 등 세 가지 기준으로 평가해 종합 점수를 산출하고 실행 우선순위를 정하는 데 있다. 비즈니스 임팩트는 매출, 고객 경험, 브랜드 가치에 미치는 효과를 수치화하고, 실행 가능성은 기술 인프라, 예산, 인력 등 자원 요인을 고려하며, 조직 역량은 데이터 파이프라인, AI 인력, 파트너십 수용 능력 등을 평가한다. 최종 우선순위는 워크숍으로 부서와 경영진의 합의를 거쳐 확정되며, 전략 기획의 투명성과 실행력을 높인다.

이후 단계에서는 핵심 성과 지표(KPI, Key Performance Indicator) 연계 전략과 델파이(Delphi) 기법 기반 시나리오 플래닝이 진행된다. KPI 전략은 마케팅 투자 대비 수익률(ROI, Return On Investment)과 트렌드 신호 간의 상관관계를 분석해 성과 목표를 설정하며, 델파이 기법은 반복 설문으로 장기 시나리오를 도출하고 이에 대한 구체적 대응 전략을 마련한다.

스타벅스는 AI 플랫폼 딥브루(Deep Brew)를 활용해 고객 데이터를 분석하고 맞춤형 메뉴를 추천해 매출과 고객 만족도를 동시에 높였으며, 지멘스(Siemens)는 AI 기반 공급망 리스크 예측 시스템을 도입해 공급망 차질을 절반 이하로 줄이는 성과를 거뒀다. 이처럼 트렌드 레이더와 호라이즌 매핑이 KPI 및 시나리오 전략과 결합하면 조직은 민첩하고 지속 가능한 경쟁우위를 확보할 수 있다. '감지, 정의, 적용'의 3단계 접근법은 메가트렌드를 전략적 자산으로 전환하고 단기 기회와 장기 성장 전략을 동시에 추진할 수 있는 핵심 프레임워크로 작동한다.

반트렌드와 창의적 파괴

AI 시대의 트렌드 분석과 전략 수립은 단순히 흐름을 읽고 따라가는 것을 넘어, 흐름 자체를 해석하고 전환할 수 있어야 한다. 초개인화와 자동화된 추천 시스템이 주도하는 오늘날의 소비 환경에서는 알고리즘이 트렌드를 빠르게 생성하고 소멸시키며, 사용자의 관심을 결정하는 과정을 실시간으로 조정한다. 이러한 구조 속에서 조직과 창작자는 더욱 본질적인 질문을 던져야 한다. 우리는 이 흐름에 순응할 것인가, 아니면 적극적으로 개입하고 새로운 흐름을 만들어낼 것인가? 바로 이 지점에서 '반트렌드(anti-trend)'와 '창의적 파괴(creative destruction)' 전략이 중요한 역할을 한다.

이 전략은 세 가지 축을 중심으로 전개된다. 첫째, 알고리즘이 강요하는 속도 경쟁에 대응해 느림과 깊이를 강조하는 슬로 콘텐츠 전략, 둘째, AI 편향 감시로 기술의 사회적 불평등 문제를 비평하고 개입하는 윤리적 감시자 역할, 셋째, 반트렌드 캠페인으로 브랜드의 가치를 새롭게 정의하고 공동체 중심의 정체성을 구축하는 창의적 파괴 전략이다.

빠른 소비 사이클 속에서 일부 창작자와 브랜드는 의도적으로 '느림'을 선택하며, 알고리즘 중심의 흐름에서 벗어난 관계 형성을 시도한다. 패션 · 뷰티 분야 구독자가 300만 명을 넘긴 서브스택(Substack)은 광고나 추천 알고리즘 없이 구독 기반의 콘텐츠 생태계를 운영하며, 작가와 독자 간의 직접적인 연결을 중심으로 신뢰를 구축하고 있다. 유사하게, 예술 플랫폼 레진아트는 '알고리즘 거부' 프로그램으로 작가 주도형 노출 방식을 실험함으로써, 예술적 자율성과 메시지 중심의 전달 구조를 강화하고 있다.

AI 시스템이 사회적 편향을 강화할 수 있다는 점에서, 기술의 윤리적 비평은 선택이 아니라 필수가 된다. AI 스타트업체인 허깅페이스(Hugging Face)와 라이프치히 대학교(Leipzig University)의 바이어스익스플로러(Bias Explorer)는 사용자가 AI 모델의 성별 · 인종 편향을 직접 탐색하고 보고할 수 있는 도구로, 개발자뿐 아니라 일반 사용자도 알고리즘에 대한 책임성을 공유할 수 있도록 한다. 이와 같은 감시 도구는 단순한 기술 보완을 넘어서, AI 시대의 트렌드가 어떻게 구성되고 확산하는지를 비판적으로 조망하게 만든다.

브랜드 전략의 관점에서도 반트렌드 전략은 강력한 차별화 수단이 된다. 파타고니아(Patagonia)는 2011년 블랙프라이데이에 "Don't Buy This Jacket(이 재킷을 사지 마세요)"이라는 파격적인 메시지를 담은 캠페인을 전개하며 불필요한 소비를 자제하라고 권고했다. 이 캠페인은 브랜드의 핵심 가치인 지속가능성과 공동체 책임을 강조하며, 소비자와의 정서적 유대를 강화했고, 결과적으로 9개월간 30%의 매출 증가라는 성과로 이어졌다.

이러한 전략을 지속 가능하게 만들기 위해서는 조직 내부에 실험과 파괴를 수용할 수 있는 구조가 필요하다. 3M의 '15% 룰'은 구성원에게 근무 시간 중 일정 비율을 혁신 실험에 활용하도록 허용해 파괴적 아이디어가 조직 문화에 뿌리내리도록 한다. 또한 트렌드의 과열을 의도적으로 감속하는 '역하이프 사이클(Reverse Hype Cycle)' 모델은 빠른 트렌드 확산의 부작용을 관리하며, 더 지속할 수 있는 혁신을 가능하게 한다. 역하이프 사이클은 유행의 확산 속도를 조절해 소비자 피로와 거품 붕괴를 방지하고 장기적 정착을 유도하는 전략이다.

참고문헌

C&I(2024.3.10). Social listening: Using data to understand trends and consumer sentiment, https://c-istudios.com/social-listening-using-data-to-understand-trends-and-consumer-sentiment/

FIBRES. The complete guide to trend radars, https://www.fibresonline.com/resources/trend-radar-guide

Franzen, C.(2023.12.13). Analyzing Netflix viewership data with ChatGPT. VentureBeat, https://venturebeat.com/ai/analyzing-netflix-viewership-hours-with-chatgpt/

Gao, Z., et al.(2022.9). Digital art in the age of metaverse and NFT: Content and creation. *7th Computer Art Congress, HEAD Geneva, Switzerland.* Extended Reality and Immersive Media (XRIM) Lab.

Heikkilä, M.(2023). See how biased AI image models are for yourself with these new tools. *MIT Technology Review*, https://www.technologyreview.com/2023/03/22/1070167/these-news-tool-let-you-see-for-yourself-how-biased-ai-image-models-are/

Hyperight(2021.6.30). Deep brew: Transforming Starbucks into AI & data - driven company, https://hyperight.com/deep-brew-transforming-starbucks-into-a-data-driven-company/

Negre, P.(2024). Prediction of footwear demand using Prophet and SARIMA. Expert Systems with Applications, 255(B), 124512.

Neren, U.(2012). Patagonia's provocative black friday campaign.

Harvard Business Review,
https://hbr.org/2012/11/patagonias-provocative-black-f
NHS England(2021.12.10). Improving hospital bed allocation using AI,
https://nhsx.github.io/skunkworks/casestudy-bed-allocation
Siemens(2023.6.13). Siemens brings real-time supply chain intelligence to Siemens xcelerator and the digital twin,
https://newsroom.sw.siemens.com/en-US/siemens-xcelerator-supplyframe-xpedition/
Talkwalker(2025.3.4). 11 Standout Social Media Examples from Top Brands [2025],
https://www.talkwalker.com/blog/standout-social-media-examples
Truman, I.(2024.3.26). To escape the algorithm, fashion girls are shopping via Substack. *Vogue Business*,
https://www.voguebusiness.com/story/consumers/to-escape-the-algorithm-fashion-girls-are-shopping-via-substack

10
트렌드 디자인 시대

미래의 트렌드를 읽기 위해서는 트렌드 디자인 접근이 필수다. AI와 디자인 사고가 결합한 트렌드 디자인 시대에는 트렌드를 예측하는 데 그치지 않고, 질문으로 스스로 설계하는 능동적 전환이 요구된다. 조직은 실험 중심 문화와 융합형 팀을 기반으로 구조를 혁신하고, 개인은 AI 도구를 활용해 트렌드를 감지 · 해석 · 창조하는 트렌드 크리에이터로 성장해야 한다.

종교와 AI?

미래 트렌드 읽는 법: 예측에서 설계로

미래 트렌드를 읽는다는 것은 단순히 변화의 흐름을 관찰하고 해석하는 수준을 넘어, 능동적으로 질문을 던지고 설계해 나가는 과정이다. 이를 위해 기존 예측 분석이 포착하지 못하는 약한 신호와 비정형 데이터를 통합해 새로운 인사이트를 발굴하고, 디자인 싱킹의 공감 · 아이디어 도출 · 프로토타이핑 · 테스트 단계를 거쳐 실행 가능성을 검증하는 '트렌드 디자인' 접근이 필수다.

트렌드 디자인 시대에는 "미래는 예측하는 것이 아니라 질문을 던지며 만들어 가는 것"이라는 관점이 핵심이다. 전통적 트렌드 분석이 거래 이력이나 소비 패턴 같은 과거 데이터를 바탕으로 확률을 산출하는 '예측적 분석'이었다면, 이제는 AI 시뮬레이션과 인간의 감성 설계를 결합한 '생성적 예측(generative forecasting)'으로 전환되고 있다. 이 방식은 다양한 미래 시나리오에 의미와 스토리를 부여해 새로운 흐름을 능동적으로 창조한다.

과거 데이터에 기반을 둔 예측적 분석은 분류, 회귀, 시계열 모델을 활용해 고객군별 확률을 산출하는 방식이지만, 시장의 돌발 변수나 급격한 소비자 감성 변화, 미세한 초기 신호를 포착하는 데 한계가 있다. 특히 이미지나 자연어 같은 비정형 데이터 해석에 어려움이 있으며, 사회 · 문화적 맥락에서 발생하는 미묘한 변화를 충분히 반영하지 못한다. 또한 과거에 발생하지 않았던 저확률, 고충격 사건인 '블랙스완(Black swan)'은 분석 대상에서 쉽게 제외되기 때문에 조직은 '안전한 혁신'에 머무르고, 진정한 파괴적 혁신을 설계하기 어려워진다.

반면 생성적 예측은 도래하지 않은 미래를 AI가 생성한 가상 시나리오로 사전에 체험하고, 인간은 스페큘레이티브 디자인(Speculative design)−'만약에'라는 질문을 던지며 가능성 있는 미래를 상상하고 실험하는 방식−으로 새로운 가치와 경험을 구체적으로 설계하는 데 초점을 맞춘다. 예를 들어 디지털 트윈 기술은 현실 도시 데이터를 기반으로 다양한 교통 정책, 인프라 배치, 기후 변화 시나리오 등을 실시간으로 시뮬레이션할 수 있다. 이는 단순히 교통 혼잡을 예측하는 데 그치지 않고 '가장 지속 가능한 교통망은 무엇인가'라는 질문을 직접 설계하고 실험으로 해답을 도출하는 과정으로 이어진다. 이러한 접근은 AI 시대의 도시 설계 방식 자체를 근본적으로 변화시키고 있다.

애플의 아이폰 출시는 이 패러다임 전환의 대표 사례다. 아이폰은 단순히 소비자의 요구를 충족한 제품이 아니라, 물리적 키보드를 없애고 새로운 사용자 경험을 창출해 스마트폰 문화를 재설계했다. 이는 "무엇이 소비자의 일상을 바꿀 수 있을까"라는 질문을 던지고 이를 디자인과 기술로 구현한 결과였다. 이어 출시된 에어팟 역시 단순한 무선 기기가 아니라 '이어폰 착용 문화' 자체를 새롭게 정의하며 사회적 상징으로 자리 잡았다. 애플은 소비자의 반응을 수동적으로 따르기보다 능동적으로 트렌드를 설계하고 미래를 창조한 사례라 할 수 있다.

예측 중심에서 설계 중심으로의 전환은 '좋은 트렌드'를 선별하고 판단할 수 있는 새로운 시민 역량, 즉 트렌드 문해력(Trend literacy)과 직결된다. 트렌드 문해력은 단순히 유행을 따르는 것이 아니라, 트렌드 신호를 감지하고 패턴을 분별하며 사회적 확산의 흐름을 읽는 능력을 뜻한다. 또한 지속 가능성, 윤리적 투명성, 참여적 설계 여부 등을 기준으로 트렌드의 질을 비판적으로 평가할 수 있어야 한다. 예를 들어, 지속 가능성 측면에서 해당 트렌드가 환경과 사회에 미치는 영향을 분석하고, 윤리적 투명성 측면에서 AI 생성 콘텐츠의 출처와 목적이 명확히 공개됐는지를 검토해야 한다. 참여적 설계 관점에서는 시민이나 소비자가 기획 · 실행 과정에 얼마나 주체적으로 참여했는지를 살펴야 한다. 이러한 감별력은 "좋은 트렌드란 무엇인가"라는 질문의 구체적 해답을 제시하며, AI 시대의 트렌드 설계 과정에서 필수 시민 역량으로 기능한다.

트렌드 주도형 조직 문화 설계 전략

트렌드를 단순히 따라가는 조직이 아니라 이를 설계하고 주도하는 조직이 되기 위해 조직 문화와 구조 전반에 걸친 혁신이 필요하다. 이를 위해 네 가지 핵심 요소를 중심으로 문화 재설계를 추진할 수 있다. 첫째, 디자인 싱킹과 AI 프로토타이핑을 결합해 사용자 중심 문제 해결 방식을 기술 기반 실험과 융합해야 한다. 둘째, 시민이 직접 트렌드 실험에 참여할 수 있는 개방형 플랫폼을 구축해 외부 아이디어와 참여를 조직 내부로 유입해야 한다. 셋째, 실패를 두려워하지 않는 실험 중심 문화를 정착시켜야 하며, 넷째, 다양한 전문성을 지닌 구성원이 협업하는 융합형 팀(Cross-functional team)을 조직 전반에 활성화해야 한다.

디자인 싱킹은 사용자의 니즈와 문제에 깊이 공감한 뒤 아이디어를 도출하고 빠르게 프로토타입을 제작해 반복적으로 테스트하는 창의적 문제 해결 방법론이다. 이를 AI 기반 데이터 분석과 결합하면, 조직은 예측이 어려운 소비자 반응을 실험적으로 설계하고 검증할 수 있다. 예를 들어, 자라(ZARA)는 매장별 판매 데이터, 재고 회전율, 소셜미디어 동향 등을 실시간 분석해 초기 디자인을 제작하고, 현장 반응에 따라 신속하게 수정한다. 이 과정으로 전통적 시즌제의 한계를 뛰어넘으며 초고속 패션 생태계를 구축했다.

조직 외부의 시민이 트렌드 실험에 직접 참여하도록 플랫폼을 개방하는 것도 중요하다. 서울시의 'S-Map' 디지털 트윈 플랫폼은 시민이 3D 가상공간에서 교통, 환경, 도시계획 관련 시뮬레이션을 수행하고 아이디어를 제안할 수 있게 한다. 정책 담당자는 시민 피드백을 분석해 시뮬레이션 모델을 개선하며, 시민은 자신의 제안이 실제 정책에 반영되는 경험으로 트렌드 형성의 공동 주체로 참여할 수 있다.

조직 구성원이 트렌드 설계에 적극 참여할 수 있도록, 마케팅 담당자 등 실무자에게 스토리텔링과 데이터 시각화 역량을 키울 수 있는 교육 프로그램을 마련하는 것도 필요하다. 워크숍에서는 디자인 싱킹 기반 트렌드 기획 실습, AI 분석 도구 활용법, 데이터 기반 인사이트 전달을 위한 시각화 기술 등을 학습하며, 이를 통해 구성원은 전략 수립의 초기 단계부터 실질적인 영향력을 발휘할 수 있다.

빠른 실패를 허용하는 실험 환경 조성도 혁신 속도를 높이는 데 필수다. AI 시뮬레이션을 활용하면 아이디어 타당성을 저비용으로 빠르게 검증할 수 있으며, 효과가 미흡할 경우 빠르게 폐기해 불필요한 자원 낭비를 줄일 수 있다. 이 방식은 스티브 블랭크(Steve Blank)가 제안한 린스타트업(Lean startup) 접근법으로, 반복 실험과 고객 피드백을 통한 학습을 강조한다.

또한 다양한 전문성을 가진 인력을 한데 모은 융합형 팀을 구성해 협업 기반 문제 해결 체계를 마련해야 한다. 엔지니어, 디자이너, 사회학자 등 서로 다른 분야의 전문가들이 함께 트렌드 기획과 실험을 수행하면 단일 분야 접근보다 훨씬 폭넓은 인사이트를 도출할 수 있다. 조직 내에서는 정기적으로 '트렌드 핫토픽 세션'을 열어 부서간 아이디어와 관찰 결과를 공유하고, 이를 바탕으로 소규모 파일럿 프로젝트를 실행한 뒤 효과가 입증되면 전사 차원으로 확산하는 순환 구조를 구축해야 한다. 실제로 구글 X의 래피드에벌(Rapid Eval) 팀은 매달 수백 건의 아이디어를 짧은 주기로 프로토타이핑하며, 97% 이상의 아이디어를 초기 단계에서 과감히 중단시키는 방식으로 핵심 혁신에 집중하는 문화를 정착시켰다.

개인의 AI 트렌드 도구 활용 전략

트렌드는 이제 단순한 소비 대상이 아니라 시민이 직접 창조하는 문화적 흐름이다. 개인은 AI 기반 트렌드 도구를 활용해 시그널을 포착하고 미래를 능동적으로 설계하는 '트렌드 크리에이터'로 거듭날 수 있다. 예를 들어 구글 트렌드는 키워드의 시간대별·지역별 검색량 변화를 보여 주며, 익스플로딩토픽스(Exploding Topics)나 챗GPT 같은 AI 플랫폼은 연관 키워드와 질문 패턴을 심층적으로 분석할 수 있다.

개인은 매주 하나의 주제를 정하고 '수집-해석-실험'의 3단계 루틴을 실천하는 방식으로 AI 도구를 적극 활용할 수 있다. '메타버스 교육'이라는 주제를 선정했다면, 먼저 구글 트렌드로 검색량 변화를 확인하고, 관련 보고서나 논문을 챗GPT에 질문해 요약본과 핵심 인사이트를 도출한다. 이후 블로그 글 작성, 카드뉴스 제작, 커뮤니티 공유 등 구체적인 실행 계획을 수립하고 실천함으로써 AI 도구를 학습·콘텐츠 제작·네트워킹 활동과 유기적으로 연결한다.

또한 AI 큐레이션 툴을 활용해 '나만의 트렌드 지도'를 구축하는 전략도 유용하다. 예를 들어 챗GPT의 대화형 질의응답 기능으로 관심 분야(예: 지속 가능한 패션)의 글로벌 시그널을 수집·분류한 후, 미드저니를 이용해 핵심 키워드를 시각화하면 직관적인 인사이트 지도가 완성된다. 이러한 시각화는 복합적인 트렌드 간 관계를 한눈에 파악할 수 있으며, 새로운 기획 아이디어 발굴에도 기여한다.

무엇보다 AI가 생성한 트렌드 보고서를 단순히 수용하는 데 그치지 않고 비판적으로 감수하는 역량이 중요하다. 예를 들어 "이 리포트가 간과한 사회적·윤리적 관점은 무엇인가"와 같은 질문을 던져 데이터 편향이나 가짜뉴스 가능성을 검토해야 한다. 챗GPT의 한계와 위험성을 다룬 다양한 연구들은 AI 모델이 사실관계를 왜곡할 수 있음을 경고하며, 사용자는 이러한 취약점을 메타 인지적으로 점검하는 태도를 가져야 한다.

참고문헌

Bahrini, A., et al.(2023). ChatGPT: Applications, opportunities, and threats. arXiv, 2304.09103.

Blank, S.(2013.5). Why the lean start - up changes everything. *Harvard Busines Model*, https://hbr.org/2013/05/why-the-lean-start-up-changes-everything

Burkus, D.(2024.4.26). How to manage a cross - functional team. *Harvard Business School*, https://hbr.org/2024/04/how-to-manage-a-cross-functional-team

Felten, O.(2016.3.9). How to kill good things to make room for truly great ones. Medium, https://blog.x.company/how-to-kill-good-things-to-make-room-for-truly-great-ones-867fb6ef026

Hazlett, T. W.(2017.6.30). A short history of radio explains the iPhone's success. *Harvard Business Review*, https://hbr.org/2017/06/a-short-history-of-radio-explains-the-iphones-success

Kindsmüller, M. C. & Urbas, L.(2003). Towards a theory of trend literacy: Basic empirical data to ground a model. EuroCogSci03. The European Cognitive Science Conference.

Lawton, G.(2024.11.20). Generative AI vs. predictive AI: Understanding the differences. *Techtarget*, https://www.techtarget.com/searchenterpriseai/tip/Generative-AI-vs-predictive-AI-Understanding-the-differences

Nguyen, A.(2024.5.23). How AI is arming cities in the battle for climate resilience. *Reuters*, https://www.reuters.com/sustainability/climate-energy/how-ai-is-arming-cities-battle-climate-resilience-2024-05-23/

Uberoi, R.(2017.4.5). ZARA: Achieving the "fast" in fast fashion through analytics. *The HBS Digital Initiative*. https://d3.harvard.edu/platform-digit/submission/zara-achieving-the-fast-in-fast-fashion-through-analytics/

손현주

전주대학교 창업경영금융학과 조교수로, 미국 하와이대학교 정치학과에서 박사학위를 취득했다. 주요 연구 분야는 한국의 대안 미래, AI와 미래, 퓨처스 리빙랩 등이다. 저서로 《AI와 미래사회》(2025), 《인공지능법》(공저, 2024), 《글로컬 시대 지방정부 외교와 공공외교: 전략적 소통과 지역 브랜딩의 방법과 사례》(공저, 2024), 《인공지능과 일상생활》(공저, 2021) 등이 있고, 역서로 《콤무니타스 이코노미》(공역, 2020)가 있다. 주요 논문으로는 "인공지능과 일상생활의 자유: 스마트홈이 인간 자유에 미치는 영향"(2024), "디지털 디자인씽킹: 디지털 기술이 디자인씽킹 프로세스에 미치는 영향"(2023), "코로나19와 정치의 미래"(2021), "인공지능혁명과 정치의 미래 시나리오"(2020), "인공지능 거버넌스와 민주주의의 미래"(2019), "한국인의 가치관과 미래 선호 가치"(2019) 등이 있다.